Par le V.te Gallard de Terraube.
Voy. De Manne.

943

TESTAMENT

POLITIQUE

DE L'ANNÉE 1821,

OUVRAGE POSTHUME.

IMPRIMERIE DE C. J. TROUVÉ,

RUE NEUVE-SAINT-AUGUSTIN, N° 17.

TESTAMENT

POLITIQUE

DE L'ANNÉE 1821,

OU

AVIS ET LEÇONS A MA FILLE,

OUVRAGE POSTHUME.

PARIS,

Chez Charles GOSSELIN, libraire, rue de Seine, n° 12;
Et PONTHIEU, galeries de bois, au Palais-Royal.

1822.

AVANT-PROPOS.

A peine l'année 1821, dont tout le monde prévoyoit la fin prochaine, eût-elle rendu le dernier soupir, qu'on s'empressa de remplir à son égard une partie des formalités d'usage. Je dis une partie, car n'ayant qu'une fille, dont les droits à sa succession ne pouvoient être équivoques, on crut pouvoir se dispenser de l'apposition des scellés; mais il n'en fut pas de même pour l'inventaire. La jeune héritière, 1822, déterminée, à ce qu'il paroît, à mettre beaucoup d'ordre dans ses affaires, et jalouse de bien connaître sa véritable situation, exigea qu'il y fût régulièrement procédé.

Dès le début, elle eut à se défendre de l'influence de gens qui, cherchant à l'effrayer sur les charges sans nombre de la succession, ne tendoient à rien moins qu'à la lui faire répudier, détermination sans exemple dans cette antique famille, et qui n'eût pu manquer d'entraîner les plus grands désordres. L'on assure même qu'ils n'en paroissoient nullement effrayés, et c'est là, il faut en convenir, le grand avantage des hommes qui ont tout prévu.

Vaincus sur ce point, ils ne se découragèrent pas, car il est de leur essence de ne se décourager jamais; et se rabattant à l'acceptation sous bénéfice d'inventaire, ils ne manquèrent pas de faire ressortir avec beaucoup d'habileté les divers motifs, qui rendoient du moins indispensable cette mesure de prudence.

La jeune 1822 n'étoit point du tout disposée à goûter un pareil langage, que repoussoient sa fierté et l'élévation de ses sentimens; mais toutefois, afin de ne pas s'écarter des formes reçues, elle jugea à propos d'assembler le conseil que lui avoit légué sa mère, et qui réunissoit de grands titres à sa confiance.

C'en fut assez de cette apparence d'hésitation, qui n'avoit rien de réel, pour inspirer des craintes aux uns, pour exciter des transports de joie et de bonheur chez les autres. Mais qui ne sait combien sont fugitives et illusoires les joies de ce monde!

La délibération en effet fut courte, ou plutôt il n'y eut pas de délibération; et, l'objet de la convocation à peine connu, par acclamation il fut décidé qu'il n'y avoit pas à balancer un instant pour faire une acceptation pure et simple, vu que, quelles que pussent être les charges, les forces de la succession présentoient des ressources immenses pour faire honneur à toutes, et assurer à la jeune héritière, ainsi qu'à sa descendance en ligne directe, le sort le plus prospère. Dès-lors, 1822 s'abandonna avec fermeté et confiance à ses hautes destinées.

Les gens qui ont la manie de tout observer crurent remarquer qu'il se fit un changement notable parmi le petit nombre de personnes qui se trouvoient là, comme nous l'avons dit, attendant, dans des dispositions fort différentes, la délibération du conseil. Les unes prirent une attitude noble, calme, respectueuse, pleine de confiance; les autres, disent-ils, dissimulèrent assez mal leur mécontentement.

Fort aisément, sans doute, j'eusse pu me dispenser d'un aussi long préambule, et marcher rapidement au fait. Ce fait, le voici : C'est que, dans le nombre des papiers que fit découvrir l'inventaire, il s'en trouva un vraiment remarquable, ayant pour titre : *Testament politique de l'année* 1821... Cette annonce un peu fastueuse, un peu même à prétention, est à la vérité adoucie par l'espèce de variante qui suit immédiatement : *ou, Avis et Leçons à ma fille.....*; et ce double titre donne dans le vrai une idée assez exacte du contenu de cet écrit, mélange parfois un peu bizarre d'idées assez élevées en politique, et de cette sollicitude maternelle qui se plaît à descendre à de minutieux détails. Il porte la date du 30 décembre, et ce n'est pas, ainsi qu'on va le voir, la seule preuve que nous ayons que la testatrice s'en est occupée dans ses derniers momens. Au reste, comme aucune de ses dispositions ne sembloit s'y opposer, on a fini par se déterminer à associer le public à cette précieuse découverte; seulement, comme ce n'étoit pas l'avis de tout le monde, il en est résulté quelques jours de retard dans la publication.

TESTAMENT

POLITIQUE

DE L'ANNÉE 1821.

Me voici arrivée, ma chère fille, à la fin de mon orageuse carrière; et quoique, par plus d'un motif, je dusse la voir se terminer sans regret, j'éprouve depuis quelques jours un sentiment jusqu'alors inconnu, qui semble, je ne sais pourquoi, m'attacher à la vie. C'est en vain que je cherche à m'en défendre; mais, au moment où sans retour je suis condamnée à renoncer à tout, par une étrange bizarrerie des idées d'espérance, malgré moi, germent dans mon âme, et viennent agiter mes derniers momens. Puissent-elles du moins, ma chère fille, se réaliser toutes pour toi! Et que ne m'est-il donné de te connoître, de diriger tes premiers pas, de t'aider de ma longue expérience, de voir l'accomplissement d'une partie des vœux que j'ose former! Mais, hélas! un destin rigoureux en ordonna autrement, et trop semblables au phénix de la fable, ce n'est aussi qu'en mourant que nous pouvons, dans notre famille, donner le jour à celle qui doit nous succéder.

Telle fut la triste condition de toutes mes devancières, telle sera la tienne à ton tour, et il faut savoir se résigner à son sort; mais du moins, ma chère fille, que mon expérience ne soit pas entièrement perdue pour toi, et qu'il me soit permis de te laisser dans cet écrit un gage non équivoque de ma tendresse!

Le temps, ma chère amie, finiroit sans doute par te former et t'instruire. Mais j'aurois à cœur de dévancer en quelque sorte son ouvrage pour t'épargner ses sévères leçons : tel est particulièrement le but que je me propose.

Je ne reviendrai pas sur les divers événemens de ma vie; tu les trouveras décrits, consignés partout, quoique présentés sous de bien diverses couleurs, et ton discernement ne manquera pas de te faire faire un heureux choix. Le passé, comme on dit, n'est plus à nous, et à quelques sujets de méditation près qu'il peut nous fournir, c'est du présent, de ce présent qui détermine et régit l'avenir, qu'il faut spécialement nous occuper.

Tu trouveras, à ton début dans le monde, tout encore plein du souvenir du grand événement qui a signalé en France le milieu de la douzième période de ma vie. La France a toujours été l'objet de ma prédilection; et plus d'une fois, je dois t'en prévenir, tu me verras, comme à mon insu, m'identifier entièrement avec elle.

J'ai tout juste assez vécu pour recevoir les rapports des diverses provinces à ce sujet; et en vérité, si l'on ne savoit que c'est impossible, on eût été fortement tenté de croire qu'ils étoient calqués les uns sur les autres. Sur tous les points, ça été une acclamation unanime de joie et de satisfaction de la part des gens honnêtes et paisibles, des bons royalistes, de tous ceux qui sont impatiens de voir fermer l'abîme des révolutions. De l'aurore au couchant, comme du septentrion au midi, on croiroit qu'ils ont choisi une seule bouche pour l'interprète de leurs communs sentimens. Voilà, disent-ils, nos vœux comblés; voilà enfin un ministère royaliste, homogène en opinions comme en principes; un ministère qui veut sincèrement le bien de la France.... Dieu soit loué! Vive le Roi!

A Paris, où l'on est en général fort loin de cette unité, de cette simplicité d'intentions et de vues; à Paris, où l'on a la prétention de se croire éclairé de lumières surnaturelles; à Paris enfin, où l'on voit de plus près les rouages, où peut-être on est plus ou moins rouage soi-même, j'ai entendu parfois un autre langage. J'ai observé quelques préventions fâcheuses, trop ouvertement manifestées, contre les nouveaux dépositaires de la confiance royale; et si cela m'a paru tout simple de la part de ceux qui ont coutume de faire d'un système de dénigrement leur principal levier, j'ai été affligée de voir des hommes, à tous égards dignes de ton estime comme de la mienne, ne pas se tenir assez en garde contre un semblable piége. Il faut toujours, disoit du temps d'une de nos vieilles aïeules, certain roi de Prusse, connu sous le nom du grand Frédéric, il faut toujours faire le contraire de ce que conseille l'ennemi. Ici nous adoucirons l'expression, et nous remplacerons le mot d'ennemi par celui d'*Adversaires*, parce qu'il ne doit plus désormais exister d'ennemis entre des Français et des Français; mais toujours est-il vrai que la marche des adversaires, dans les temps surtout qui succèdent immédiatement aux dissensions civiles, est un guide assez sûr de la sienne, de telle sorte que si l'on se trouve suivre la même direction, on doit bien vite s'arrêter, par la crainte fort naturelle de faire fausse route.

Au reste, je n'ai pu être témoin que de ces premières impressions, sur lesquelles s'exercent tant d'influences diverses, et qui la plupart ne tardent pas à faire place au seul sentiment qui doit rester. Bientôt tu n'en verras plus qu'un seul, j'ose te le prédire avec confiance, et la capitale, qui parfois pourroit emprunter aux provinces d'assez utiles leçons, se confondra avec elles dans cette expression simple, franche et loyale de leurs communs sentimens, qui m'a beaucoup plu : *Voilà enfin un ministère royaliste, homogène en opinions comme en principes; un ministère qui veut sincèrement le bien de la France..... Dieu soit loué! Vive le Roi!*

On prête à l'un des hommes envers lesquels on s'étoit montré le plus injuste sous les ministères précédens, et c'est presque le nommer, on lui prête, dis-je, une réponse qui l'honore. Le nouveau ministère a-t-il fait quelque chose pour vous, lui demandoit-on? Non, répondit-il, et c'est tout simple. Donnons-lui du temps; laissons-le d'abord s'occuper des grands maux, des grands intérêts de la France en général, et il s'occupera des intérêts particuliers ensuite.

Le système de dénigrement dont je viens de te parler, et qu'ont adopté les adversaires, a particulièrement pour objet d'empêcher la confiance publique de s'attacher aux nouveaux ministres, soit en les décriant isolément, soit en les représentant tous comme succombant sous le poids d'un fardeau trop hors de proportion avec leurs forces.

Que ton inexpérience sache se défendre contre tous les propos de ce genre, et accoutume-toi de bonne heure à une extrême réserve dans tes jugemens. Nous sommes dans un temps où il faut se garder d'ajouter foi à tout ce que l'on entend, et où la malveillance semble disposer de toutes les voix de la renommée pour colporter et répandre ses poisons. Ici, par exemple, et peu de choses échappent à la pénétration de mon âge, je ne serois pas étonnée que, si l'on a affecté de représen-

ter le ministère si foible en talens, c'est tout sim-
plement parce qu'on le trouvoit beaucoup trop
fort en dévouement, en bonnes intentions et en
principes.

Quant à moi, je suis fort loin de partager cette
opinion. Il en est parmi eux que je n'ai pas vus d'assez près pour pouvoir les juger, et auxquels il n'a
manqué que les occasions de se faire davantage
connoître. Tu les jugeras bientôt, avec plus de
connoissance de cause toi-même, et très-favorable-
ment, je crois, d'après leurs œuvres. Il en est d'autres que mes devancières, ainsi que moi, ont vu
déployer un beau caractère, et montrer le rare et
précieux assemblage des talens avec la droiture
des intentions et des vues. Cette réunion d'hommes
tendant au même but, d'accord sur les moyens d'y
parvenir, mettant en commun leur zèle et leurs lumières, peut et doit, ce me semble, faire de grandes
et excellentes choses dans la position où se trouve
la France. Eh! d'ailleurs faut-il donc absolument,
pour opérer le bien, de ces génies transcendans,
dont la nature se montre toujours si avare? je ne le
pense pas; mais il faut surtout, ce qui est plus rare
encore peut-être, il faut le vouloir, le vouloir franchement, avec persévérance, avec fermeté. La plupart des prétendus grands hommes, à prétendus
grands talens, qui ont tenu les rênes de l'État depuis que de sanglantes catastrophes les arrachè-
rent de la main de nos Rois; ces prétendus grands

hommes, dis-je, n'ont laissé d'autre souvenir que celui des grands maux dont ils accablèrent leur malheureuse patrie.

Au reste, la conduite des gens sages, des gens qui aiment le Roi et la France, objets inséparables de l'affection des vrais Français, n'est pas difficile ici ; car elle doit être la même dans tous les cas. Dans tous les cas, il faut qu'ils serrent étroitement leurs rangs ; qu'ils fassent taire leurs petits ressentimens ; qu'ils renoncent à toute idée d'ambition personnelle ; qu'en faveur d'un mieux souvent imaginaire, qui tromperoit peut-être leur attente, ils se rallient franchement au bien, si long-temps desiré, dont nous sommes enfin en possession.

Si le ministère est fort, ce sera pour le rendre plus fort encore : s'il étoit foible, ce seroit pour lui prêter un appui, une force, dont, dans cette supposition, il auroit un besoin bien autrement pressant. Il faut être réservé et circonspect quand on manœuvre en présence de.,...; je ne dirai pas *l'Ennemi*, puisque j'ai dit plus haut qu'il ne falloit pas le dire ; mais en présence de ceux qui, pour le moment du moins, ne sont bien décidément pas des amis.

Plus heureuse sans aucune comparaison que moi, tu vas entrer en jouissance dès le commencement de ta carrière, tandis que j'ai passé l

mienne presque tout entière en proie aux sou-
cis et aux alarmes. Tu seras, j'ose te le prédire, la
première année d'une ère nouvelle, où la France,
se dégageant successivement de ses entraves révolutionnaires, marchera d'un pas ferme vers la
grandeur et la prospérité monarchiques, aux-
quelles l'appellent ses véritables destinées.

Telles sont bien sûrement les intentions du Roi,
tel sera l'objet constant de ses vœux et de ses efforts, et il sera efficacement secondé, je te l'annonce avec confiance, par les dispositions, la tendance toujours croissante vers le bien, que je
remarque avec plaisir depuis long-temps chez les
Français. C'est en vain qu'on a mis tout en œuvre pour en faire une nation de mécréans et d'ennemis de la Royauté. Après plus d'un quart de siècle de folies, d'erreurs et de crimes, tu la trouveras,
cette France, essentiellement religieuse et royaliste, et comme moi tu auras de fréquentes occasions de t'en convaincre, au mépris dont elle
couvre les doctrines corrompues, à l'ardeur avec
laquelle on la voit profiter de toutes les occasions
pour se précipiter vers les autels de son Dieu, ou
le légitime trône de son Roi.

Sous l'aspect religieux, d'un si haut intérêt aux
yeux de l'observateur et de l'homme d'état, et
dont il est naturel que je t'entretienne avant tout,
j'ai d'importantes remarques à te faire faire. La

religion semble, dans nos temps modernes comme jadis, avoir retrempé ses armes au creuset de l'adversité et des persécutions; comme jadis, elle est sortie triomphante des prisons, des bûchers et des échafauds; elle s'est fortifiée, elle a grandi comme un géant dans les combats; et l'impiété, chaque jour plus décriée, ne pourra rien désormais contre elle.

Sous ce rapport nous avons gagné quelque chose, et quelque chose de bien important, à la Révolution. Ce respect humain, qui exerçoit avant nos grandes calamités un si funeste et si tyrannique empire, est foulé aux pieds. On s'achemine aujourd'hui, tête levée devant les hommes, et le front humilié devant Dieu, vers la salutaire piscine. Ces indécentes railleries, dont l'impie tira long-temps un si grand avantage contre quiconque refusoit de sacrifier à Baal, sont une arme paralysée, brisée entre ses mains; à peine ose-t-il encore essayer de s'en servir. Une foule de jeunes gens font tous les jours l'édification des temples sacrés. Une multitude de braves militaires ont senti l'inconséquence et le ridicule, sans parler de rien de plus grave, de vouloir se montrer en même temps fidèles au Roi et infidèles au Roi des Rois. On leur a facilement prouvé que le respect humain se composoit de lâcheté et de bassesse, et dès-lors ils en ont été guéris pour toujours.

Ah! si cela ne dépassoit pas trop les bornes que j'ai été obligée de me prescrire, quel touchant récit ne pourrois-je pas te faire de ce qui s'est passé en ce genre dans une ville voisine de la Capitale, consacrée par d'augustes et douloureux souvenirs! Non, jamais plus grand, plus beau, plus consolant spectacle ne fut donné; mais aussi l'a-t-il été par cette brave Garde Royale, à qui il appartient de faire mieux que les autres, de servir de modèle à tous dans les divers sentiers de l'honneur et du devoir. Cela se passa vers la fin de la huitième période de mon règne, et a eu tant de témoins, qu'il est également impossible et d'en altérer et d'en contester la moindre circonstance. Je pourrois te montrer les braves guerriers accourant tous les jours en foule dans la retraite où l'on forme au sanctuaire les jeunes Lévites, confondant leurs voix dans les mêmes cantiques; suspendant aux mêmes arbres, dans l'intérieur de cette enceinte, les attributs qui les distinguent; se mêlant, se promenant ensemble dans l'attitude de la confiance et de l'intimité; les uns allant avec empressement demander de salutaires leçons, que les autres s'estiment heureux de pouvoir donner, et se séparant le soir à regret, impatiens de voir

un nouveau jour ramener de nouvelles instructions, de nouveaux épanchemens.

Je viens de te parler du zèle et des succès des
jeunes Lévites qui, à peine entrés eux-mêmes dans
la carrière, y servoient déjà de guides à leurs frères, et disposoient le terrain de la manière la plus
heureuse; il me reste à t'entretenir de ces hommes apostoliques consommés, qui y répandirent
bientôt avec une salutaire profusion des germes
de vie, et de l'abondante moisson qu'ils ne tardèrent pas à recueillir. Ce grand jour de la moisson
venu, on vit s'avancer en bon ordre six cents sol-
dats de cette Garde fidèle, marchant avec confiance comme à une victoire assurée; ils sembloient
un bataillon d'élite de la Légion Thébaine.

A leur tête figuroient, comme au vrai poste
d'honneur, plusieurs de leurs chefs, et une multitude d'officiers de toute arme et de tous grades,
parmi lesquels on se plaisoit à compter en grand
nombre des membres de cette milice distinguée,
à laquelle, en France, est plus particulièrement
confiée la garde de la personne du Monarque.
Cette même Cité les avait vus scellant glorieusement de leur sang leur fidélité invariable au Roi;
elle va voir comment ils savent être fidèles à Dieu,
et si l'on peut compter sur de pareils hommes! Enfin la marche était ouverte par des officiers-gé-
néraux distingués, couverts des plus glorieux in-

signes de la valeur; et la Colonne sacrée des militaires chrétiens, dans cet ordre imposant et au bruit confus de mille instrumens guerriers, se rendit de la retraite des lévites aux pieds du Dieu des armées, en même temps le Dieu de consolation et de paix, qui les attendoit dans son temple pour se donner à eux sans réserve.

Je ne t'ai tracé qu'une foible esquisse de cet événement mémorable; rien, dans le cours de ma vie, ne m'a semblé plus beau, plus plein d'avenir, et j'ai toujours regretté qu'on n'en ait pas publié une relation détaillée (1).

Tu remarqueras sans doute, ma chère amie, que je viens d'insister avec complaisance sur ce dernier article, et cela me conduit tout naturellement à te donner une grande et solide instruction. Mon vrai motif, c'est qu'il s'agit ici de la Religion; de la Religion, cette puissante protectrice des trônes, cette auxiliaire invincible des Rois. Tout édifice dont elle ne formera pas la base sera fondé sur le sable et en aura la mobilité, tandis que, reposant sur la véritable Pierre Angulaire, il deviendra en quelque sorte indestructible, immuable comme elle. Voilà pourquoi le titre de Roi

---

(1) Nul doute que 1821 n'ait voulu parler ici de cette vraiment mémorable mission militaire, donnée à Versailles dans le courant du mois d'août.

très-chrétien, en imposant de grandes obligations est fait pour élever si haut toutes les espérances.

Un des premiers regards de ce Roi, aussitôt que les circonstances lui permettroient d'obéir à la voix de son cœur, devoit naturellement se porter sur cette Basilique superbe, que la piété de son aïeul avait consacrée à la Patronne et Protectrice de sa Capitale, et c'est ce qui vient d'arriver en effet. La détermination en est prise, mais il ne me sera pas donné d'en être témoin, comme je l'avois un moment espéré ; ce glorieux monument de restauration signalera les premiers jours de ton règne. La Révolution, en l'enlevant au culte du Dieu vivant, avait emprunté au paganisme un nom pompeux, qui lui sembloit indiquer sa destination nouvelle, et elle y entassoit pêle-mêle ses prétendus grands hommes avec tout ce qu'elle avoit vomi de plus impur. Elle y avoit réalisé en quelque sorte les fabuleuses étables d'*Augias*...., mais ici on n'aura pas besoin de détourner un fleuve : il suffira de quelques gouttes d'eau du salut pour la purifier de toutes ses souillures.

C'est ainsi que cette Révolution, ennemie de Dieu et des hommes, avoit cherché à détruire nos diverses institutions religieuses et politiques, pour en substituer d'autres toutes fantastiques au gré de son délire. L'arbre a porté ses fruits ; on a vu ce qui en est résulté.

Restaurer, rétablir, créer, détruire, selon l'exigeance des temps et des circonstances, coordonner enfin toutes choses dans cette espèce de monde nouveau, de manière à les faire tendre au plus grand avantage de tous et au grand but de la prospérité publique, telle est la tâche honorable, et glorieuse autant que difficile, léguée à la légitimité par la Révolution, et dont elle s'occupera avec cette persévérance garante assurée du succès.

Dans la multitude innombrable de choses qu'elle a faites, cette Révolution, je me plais à reconnoître qu'il en est quelques-unes de bonnes, et celles-là il faudra soigneusement les conserver : le bien est toujours bien, et nous devons l'accueillir de quelque part qu'il nous vienne.

Parmi ces bonnes choses il en est une excellente incontestablement, et sans prix pour les hommes placés au timon de l'Etat : c'est de nous avoir montré tous les cœurs à découvert comme les figures. Ici on se rappelle malgré soi l'ingénieux roman de Lesage, et ce diable Asmodée, d'abord renfermé dans un flacon, et qui en fut retiré par les bons offices de don Cléophas Leandro Perez Zambulo, écolier d'Alcala. Tout diable qu'il était, Asmodée, pénétré de reconnoissance (car les diables eux-mêmes ne sont pas ingrats comme certains hommes !) Asmodée, dis-je, ne manque d'abord jamais d'appeler respectueusement son libérateur :

Seigneur Écolier ; puis, le transportant sur la tour de San Salvador de Madrid , là il enlève à ses yeux tous les toits de cette capitale , de telle sorte , dit le texte , *qu'il vit, comme en plein midi , l'intérieur des maisons de Madrid , de même qu'on voit le dedans d'un pâté dont on vient d'ôter la croûte.* Un semblable service a été rendu à la France par la Révolution, et quel spectacle en particulier que celui de Paris vu de la sorte…. !

Garde-toi de conclure de la citation qui vient de se présenter par hasard à mon esprit , et à laquelle je n'ai su résister parce qu'elle m'a paru plaisante ; garde-toi, dis-je, d'en conclure que mon intention ait jamais été de repousser ou exclure quiconque auroit plus ou moins pris part à cette Révolution. Je te jure que je n'y ai pas un instant songé , et dans le vrai ce seroit impolitique autant qu'injuste. Tant de déceptions ont pu égarer, entraîner, fasciner les yeux! Tant d'erreurs ont pris leur source dans la jeunesse et l'inexpérience ! tant de situations diverses ont pu dicter impérieusement la loi, sans parler des bonnes vues qu'on a pu avoir, des services qu'on a rendus ou voulu rendre! Non, non, je veux dire seulement que si, à la suite des grandes révolutions, le gouvernement des empires présente d'immenses difficultés, elles sont du moins adoucies par l'inappréciable avantage de connoître les hommes , et d'avoir des guides à peu près in-

faillibles pour placer convenablement sa confiance.
Si les uns n'ont jamais dévié, les autres sont rentrés
franchement dans la voie, et n'offrent pas des
garanties moin sûres. Placés quelque temps dans
des rangs opposés, la légitimité est aujoud'hui leur
but, leur centre commun, et ils lui appartiennent
également. Loin de moi donc l'idée de fermer la
porte, à aucune époque, à un retour sincère! mais
il faut, comme de raison, qu'il soit bien éprouvé,
pour ne pas s'exposer à compromettre le salut public. Loin de moi aussi l'idée de méconnoître aucune espèce de mérite! mais il est, tout le monde
en conviendra, des apparitions uniquement suscitées par la fantasmagorie révolutionnaire, qui
doivent nécessairement s'évanouir avec le règne
des illusions.

Je ne voudrois pas répondre qu'en te parlant
ce langage tout simple et si modéré de la vérité et
de la raison, on ne m'accusât aussi de vouloir faire
rétrograder le siècle. Tu n'entendras rien sans
doute à cette expression bizarre, et tu ne suppo-
seras pas qu'on ait la prétention de donner une
direction rétrograde à la marche du temps, ce qui
serait sans doute pour la France la plus grande
des calamités, en la ramenant vers les jours dé-
sastreux dont elle sort à peine. Non, ce n'est point
du tout cela, et en voici l'explication : dans le langage du jour, c'est une de ces expressions de cir-

constance et de parti, dont les amis des révolutions sont habilement, et d'un commun accord, convenus de se servir pour jeter de la défaveur et du ridicule sur ceux qui, désirant le retour de l'ordre et de la justice, seroient tentés de manière ou d'autre.d'y travailler. Ils s'en sont servis long-temps avec succès, et à force de persévérance à répéter cela à tout propos, ils avoient fini par persuader, assez généralement, que les siècles avoient une *marche*, que celle du nôtre étoit toute révolutionnaire, et que cette marche il falloit bien se garder d'essayer de l'arrêter ou d'en changer la direction en aucune manière, parce que de sa nature elle était irrésistible. En conséquence, si la marche du siècle menoit droit à l'abîme...., c'étoit fort désagréable sans doute, mais c'est à l'abîme qu'il falloit aller.

Très-heureusement que les mots qui ne portent pas sur les choses, ne font pas long-temps fortune en France; et, si on daigne parler du rapprochement de ceux-ci à la prochaine édition de quelqu'un de nos dictionnaires, on sera obligé de mettre à côté : *Cette expression a vieilli.* Or, comme on ne vieillit pas impunément en France, déjà elle est sur le point d'être reléguée avec nos vieilles sottises sur *Pitt et Cobourg*, ou nos sottises modernes sur le rétablissement des dîmes et des droits féodaux. Des mains habiles ne suivent point aveuglément la marche du siècle, mais savent jusqu'à un certain point la lui imprimer; et quand la prétendue marche du siècle nous conduira à notre perte, comme à certaine époque cela lui est arrivé, nous nous trouverons merveilleusement d'en changer la direction. Le reste seroit du fatalisme, et le fatalisme ne fait pas partie de nos doctrines en France. Étrange conseil à donner à des pilotes que de ne pas faire usage de leur gouvernail, précisément parce que les courans et les flots conspirent à la fois à les jeter contre des écueils! Instruits par le sort fabuleux d'Hippolyte, qui ne manqueroit pas de devenir leur histoire, ceux qui tiennent en main les rênes de l'État sauront maîtriser et diriger leurs coursiers, en dépit de tous les monstres qui pourroient leur apparoître.

Au reste, et c'est une chose bien digne de remarque, cette espèce de marche rétrograde, prétendue impossible, c'est l'opinion elle-même qui se charge de l'opérer; oui, cette opinion publique, qui diffère essentiellement de la rumeur publique, avec laquelle on a trop souvent le tort de la confondre. Sa marche vers le bien, qui ne peut être que rétrograde, puisque nous étions arrivés au mal, est sensible, progressive, s'accélère chaque jour; elle reflue en quelque sorte sur elle-même.

Ce n'est pas que, donnant à mon tour dans l'excès contraire, je prétende contester qu'il ne faille avoir quelquefois égard au temps et aux circonstances. Oui sans doute, il est des concessions raisonnables, justes, nécessaires même à leur faire, et tout ce qui portera ces caractères est assuré d'avance de mon approbation. Accordons au temps, je suis fort de cet avis-là, tout ce qu'il exige.....; mais ne le faisons pas plus exigeant qu'il n'est, et ne mettons pas sur son compte les mouvemens irréguliers de certains cœurs, les travers de certains esprits.

Tu ne tarderas pas à sentir l'importance de se tenir beaucoup en garde contre les exagérations en général, et en particulier contre l'empire des mots, de ceux surtout qu'on est, je ne sais pourquoi, convenu d'appeler des *bons-mots*. C'est ainsi qu'on s'est permis de dire de la nation française, qu'elle était trop délirante pour pouvoir être impunément délibérante, et il falloit bien, a-t-on ajouté, que le grand homme, condamné au supplice de Prométhée, en eût jugé ainsi, puisqu'il avoit commencé par couper la parole à son corps législatif. Je sais de plus que quelques mauvais plaisans, les mêmes sans doute, sont allés jusqu'à prétendre qu'il avoit fait pis parfois..... De toi à moi seulement, et sans que cela puisse aller plus loin, il y a bien un petit fonds de vérité dans tout cela; mais c'est trop fort cependant!

Si j'eusse écrit ceci quelques mois plus tôt, j'aurois eu à te prémunir contre une expression moins intelligible encore que la marche rétrograde du siècle, et qui néanmoins quelque temps a joui d'une inexplicable faveur. La nouveauté a toujours un moment de vogue en France, et tout empyrique est sûr d'y débiter quelques fioles de son élixir. Les mêmes hommes, l'esprit tendu et l'âme desséchée par leurs mathématiques, avoient sérieusement prétendu déterminer, avec une précision rigoureuse, dans quelle proportion et quelle mesure il falloit aimer le Roi. Ils avoient osé drie au cœur des sujets fidèles : *Huc usque venies*. Il en falloit fort peu pour dépasser ce point, car c'est ici surtout que la modération est de précepte, et celle de ces messieurs est remarquable. La moindre transgression, leur semblant d'un imminent danger, faisoit encourir tous leurs anathèmes. On étoit impitoyablement désigné sous le nom injurieux d'*ultra*, relégué dans la classe des *ultra*, c'est-à-dire de ces gens qui, aimant le Roi au delà de la mesure arrêtée par ces messieurs, et l'ayant d'ailleurs bien servi toute leur vie, étoient, par une conséquence assez naturelle, dépourvus de tout talent comme de tout mérite, incapables en un mot de le servir. Il ne me reste rien à dire à cet égard, parce que, grâce à Dieu, tu n'en entendras plus parler; et désormais on pourra, sans trop trahir son incapacité, aimer le Roi, la vivante image de Dieu sur la terre, d'une manière un peu analogue à celle dont il est prescrit d'aimer Dieu lui-même c'est-à-dire de tout son cœur, de toute son ame, de toutes ses forces, et de tout son esprit (1).

Ah! si Buonaparte eût pu être associé à un tel bonheur; s'il lui eût été donné de rencontrer de pareils hommes, ayant subi toutes les épreuves, et toujours invariables dans leur dévouement et leur amour.....! Mais ce sont de ces jouissances ineffables, exclusivement réservées à la légitimité.

On ne se borna pas à cette ridicule dénomination d'*ultra*, qui, à raison du point de départ et de celui de l'arrivée, ne tarda pas à devenir un titre d'honneur; on n'entendit bientôt plus par là qu'un bon et loyal royaliste. Une foule d'autres noms leur furent prodigués. Ne trouvant pas en eux cette flexibilité d'allures et de principes, qui, en révolution, fait les succès et les fortunes, on les qualifia entre autres, *d'Immobiles*; et, dans le vrai, difficilement auroient-ils pu se désigner plus convenablement eux-mêmes. Les *Immobiles de l'adversité*....! il est, à mon avis, fort bien trouvé, ce nom-là : ce n'est point du tout commun.

---

(1) Diliges dominum tuum ex toto corde tuo, et ex tota anima tua, et ex omnibus viribus tuis, et ex omni mente tua (*Luc*, 10, 27).

Puisque je suis en train de te parler des choses dont probablement tu n'entendras plus parler, il faut que je te dise un mot des Suisses, de ces braves amis, de ces antiques alliés de la France. Il fut un temps, et ce temps n'est pas bien loin de nous encore, où il étoit de règle en quelque sorte de les attaquer à outrance, et de demander leur expulsion. Chaque orateur de certain parti sembloit se croire tenu à leur lâcher en passant toute sa bordée. Ici n'ayant pas, comme Asmodée, le secret des intérieurs, je n'essayerai pas de te révéler les motifs de tant d'archarnement ; mais on peut juger qu'ils devoient être d'un haut intérêt, car il étoit également connu de tous qu'aux plus glorieux souvenirs de bravoure et de fidélité, et à des flots de sang versés pour la cause de la France, se joignoient, en faveur de nos rapports avec les Suisses, d'importantes considérations politiques. Cette lutte est enfin terminée, et des lettres de grande naturalisation ont été accordées aux *Compères* du bon Henri, sous la date du 10 août 1792.

En fait de mots tombés dans un discrédit dont ils ne se releveront jamais, je vais t'en signaler un autre encore, dans une cathégorie toute différente, et par de tout autres motifs ; à peine, en effet, l'entendras-tu de loin en loin sortir de la bouche de quelque vétéran révolutionnaire. On le vit celui-là briller un moment d'un assez grand éclat; c'est celui de *philantrope*, ou ami des hommes. Dans l'espoir sans doute de l'investir de plus de considération, des cerveaux mal organisés imaginèrent d'y associer des idées religieuses, et l'on vit s'établir une sorte de secte de *théophilantropes*, dont le ridicule ne tarda pas à faire justice. Les idées philantropiques et tous les appareils de la philantropie ne survécurent pas long-temps à cette chûte, en dépit des *Prospectus* les plus séduisans. Ces *Amis des hommes* réveillèrent le souvenir de leurs dévanciers, les philosophes, ou *Amis de la sagesse*, et cela n'avança pas leurs affaires. Leur déguisement et leur ton mielleux ne firent que rappeler davantage *le Loup devenu berger* du bon La Fontaine; et en effet, ils ont fini par être dûment atteints et convaincus d'aimer les hommes à la manière dont les loups aiment les agneaux.

A la suite des mots dont, après avoir beaucoup parlé, on ne parle plus, parlons d'un mot dont on parle sans cesse encore, quoique ce fût le cas peut-être de m'en tenir à l'avis assez plaisant d'un homme d'esprit, qui prétendoit qu'il ne falloit jamais parler des morts de leur vivant. Si cela est peu applicable aux mots, c'est du moins d'une grande vérité pour ceux qu'ils désignent. Tant qu'on est vivant, en effet, on peut s'amender; et de quels mémorables exemples n'avons-nous pas été témoins en ce genre ! il n'y a vraiment que la cognée de la mort qui, sous tous les rapports possibles et pour toujours, détermine la chûte de l'arbre à droite ou à gauche.

Le mot dont je veux t'entretenir, c'est le mot *libéral*, au pluriel *libéraux*, qui n'est nullement français dans cette acception nouvelle. Si l'on cherche en effet dans *le Dictionnaire de l'Académie* le mot *libéral*, on ne le trouvera employé que comme synonyme à peu près de *généreux*, et ce n'est point cela du tout. A la prochaine édition on ne manquera pas sans doute de le définir, et comme on y travaille depuis long-temps, je suis d'avis de l'attendre. Au vrai ce n'est point facile encore, et il pourroit bien arriver que, soit que je saisisse exactement ou non la ressemblance, je ne vinsse à encourir, par des motifs différens, le blâme des uns ou des autres. C'est précisément là ce qui fait le désespoir des peintres de portraits ; quelque soin qu'ils se donnent pour rendre chaque trait d'après nature, s'ils montrent leur ouvrage à des étrangers, il est rare que ceux-ci ne le trouvent flatté, tandis que le modèle lui-même est toujours tenté de se croire plus beau.

Faisant mon profit de tout cela, je me bornerai à te dire que je ne sais trop comment ce mot s'est établi ; mais que, lors de sa création assez récente, ceux qui le lancèrent dans le monde pour sa dé-

signer eux et leurs amis, furent, je crois, bien
aises de remplacer par un mot nouveau tous les
mots de ce genre, que les faits et gestes de la Révolution avoient plus ou moins compromis. Je
pense aussi qu'ils ne songèrent pas un instant à
abjurer, ni le titre, ni au fond la foi politique
des Royalistes; mais seulement à indiquer quelles
restrictions ils comptoient y mettre, de peur qu'on
ne vînt à les soupçonner de tenir en rien à l'ancien régime, dont le seul fantôme les épouvante :
ils ne peuvent pas s'y faire, c'est plus fort qu'eux.
Ainsi donc, si je ne me suis pas abusée, les premiers libéraux étaient tous des Royalistes, mais
des Royalistes à leur manière. Depuis lors, ce parti
primitif a admis assez indifféremment les recrues
qui se sont présentées, et sous cette bannière se
sont rangées des sectes politiques de couleurs si diverses, que chacune d'elles réclamerait une défini-
tion spéciale. De ces divers amalgames il est résulté qu'on va jusqu'à employer assez fréquemment aujourd'hui le mot *libéral* par opposition
à celui de royaliste; et pour peu que cela vînt à
s'établir, beaucoup de gens ne tarderoient pas à déserter les rangs libéraux. En effet le gouvernement représentatif, dans la latitude d'indulgence
et de liberté qui lui est propre, peut bien admettre
les nuances dans les opinions royalistes; mais, sous
le Roi légitime, et dans le plus ancien comme le

plus beau Royaume de l'Europe, le Royalisme et le dévouement au Roi ne sont pas une affaire d'opinion, mais le plus sacré des devoirs.

Traitant directement avec toi, je n'ai pas la prétention de m'astreindre à un ordre bien rigoureux. L'essentiel, c'est que mes diverses petites observations trouvent successivement leur place, que tu les lises avec attention, et que tu veuilles bien les méditer.

Quittons donc un moment la France pour jeter un coup d'œil général sur la position où tu vas trouver l'univers au moment de ta naissance.

Il existe chez presque tous les peuples une sorte de maladie morale, d'une nature essentiellement contagieuse, à laquelle il est important d'apporter des remèdes aussi prompts qu'efficaces, parce que les suites, trop faciles à prévoir, pourroient en être désastreuses. Cette maladie paroît, d'après ses principaux caractères, porter singulièrement sur le genre nerveux. Elle cause à ceux qui ont le malheur d'en être atteints un mal-aise général, une agitation convulsive, qui leur fait compter pour rien les biens les plus réels dont ils jouissent, et tout sacrifier comme des insensés à un mieux fantastique, que leur montre en perspective leur imagination déréglée. Ne pouvant jouir d'aucun repos, et semblant se plaire à troubler celui des autres, le dégoût de leur existence les porte à chercher à se détruire. En attendant, le désordre est leur élément; leur présomption ne connoît aucunes bornes, et ils rejettent avec un dédain superbe les leçons de l'expérience. C'est un monde tout nouveau qu'il leur faut, une lumière toute nouvelle, inconnue jusqu'à nos jours, à laquelle ils prétendent; et, jugeant sans doute que cette lumière ne peut, comme la première, sortir que du chaos, ils ne négligent rien pour nous y replonger.

Oui, ma chère amie, et tu ne tarderas pas à avoir par toi-même l'occasion de t'en convaincre, un esprit de frénésie et de subversion agite à la fois les deux mondes. Ils semblent rivaliser d'égarement et d'audace pour innover et détruire.... Puissent-ils, dans cette carrière qui y conduit si rapidement, ne pas rivaliser bientôt de calamités!

C'est sur l'Europe que je dois fixer tes regards d'une manière toute spéciale, et ce sera une manière de les porter sur le monde entier, par la raison que, bien qu'elle en soit la plus petite partie, elle en a constamment été le régulateur suprême. Mais quelle grande et imposante idée ne vais-je pas te donner de la France, quand je te dirai, d'après mes plus sérieuses méditations, que cette influence, cet entraînement, si j'ose m'exprimer ainsi, que l'Europe exerce sur le reste de l'univers, la France, à son tour, l'exerce sur l'Europe!.... Hélas! il n'y a pas lieu de s'en enorgueillir, d'après le dernier usage qu'on lui en a vu faire. Au reste si une proposition aussi générale, et de nature à blesser plus d'un amour-propre national, pouvoit éprouver quelque contradiction de la part des étrangers, aucun d'eux du moins ne sera tenté de lui contester, sous quelques rapports bien douloureux, cette triste suprématie. De même que le nouveau Monde vivroit heureux et paisible encore sans l'exemple et le signal de troubles qu'il a reçus de l'ancien, toutes ou presque toutes les convulsions de l'Europe, le sang qui s'y est versé, les maux qui l'ont accablée, tous ceux qui la menacent encore, sont plus ou moins directement l'ouvrage de la France... Eh bien ! peu s'en est fallu qu'en naissant tu ne la visses entourée des bouleversemens les plus affreux. J'ai observé cela de bien près, et en ai été un moment saisie d'effroi. Tout étoit profondément combiné ; les brandons étaient disposés pour un embrasement universel. L'Espagne et le Portugal déjà en feu, de nouveaux volcans, mille fois plus redoutables que leur Vésuve et leur Etna, venoient de couvrir de leurs dévorantes laves Naples et la Sicile. Une éruption semblable se manifesta tout-à-coup dans le Piémont, et je frémissois du déluge de maux qui alloient en être l'inévitable suite, lorsque la légitimité accourut encore à temps pour les prévenir en grande partie, et sauver les peuples.

- Un des brandons, parti du même point et lancé d'un bras plus vigoureux encore, alla tomber jusqu'en Grèce, et y causa un incendie *isolé*, dont beaucoup de milliers d'infortunés ont déjà été les victimes, sans qu'on puisse encore en prévoir ni la direction ni le terme. Seulement, ce qu'on sait d'une manière trop positive, c'est que tous les genres de maux accablent ce malheureux peuple, et qu'il en a déjà plus éprouvé en quelques mois qu'il n'eût pu en prévoir dans la durée de plusieurs siècles.

Au reste telle est la marche des régénérateurs du jour, ou, si l'on veut, la *marche du siècle*. C'est ainsi que, sous le vain prétexte de travailler au bonheur des générations futures, on se fait un jeu cruel de sacrifier sans réserve, de dévouer à tous les maux la génération présente; en cela, trop semblables à ces filles de *Pélias*, que la fable nous montre égorgeant leur père et faisant bouillir ses membres dans une chaudière, par un motif, au reste, non moins louable et très-analogue.... car c'étoit aussi pour le rajeunir. Mais ne creuse pas trop les motifs, ne cherche pas trop à remonter jusqu'aux véritables sources de cette belle tendresse pour le genre humain, de cette si édifiante abnégation de soi-même; je craindrois que tu ne finisses par faire de bien étranges découvertes.

L'Espagne, l'amie, l'alliée naturelle de la France, resserrée, reléguée en quelque sorte entre les deux mers et la chaîne de montagnes qui les unit; l'Espagne que, par une sanglante ironie, on qualifia d'héroïque, alors qu'elle n'était que délirante et révoltée, présente l'image d'une douloureuse agonie, en proie à tous les genres de convulsions. La fièvre pestilentielle, qui moissonne par milliers ses malheureux habitans, est le moindre de ses fléaux. Il est une autre fièvre, tout autrement homicide, qui fait fermenter ses veines et déchire son sein. Elle s'est en quelque sorte rayée de ses propres mains de la liste des nations. Égarée par le même délire, elle semble chercher à suivre les traces ensanglantées de la France, et déjà elle est engagée bien avant dans cette voie de perdition.... Puissent la plus grande des catastrophes, le plus épouvantable des crimes, lui être épargnés!

Le Portugal, sorte de satellite obligé de l'Espagne, se laisse entraîner par la rapidité de son mouvement de rotation, et déjà les plus effrayans dangers le menacent. Heureux si le déplorable exemple de l'Espagne l'éclaire à temps sur le sort qui lui est réservé!

A côté de ce lugubre tableau trop frappant de vérité, et qui, bien contre mon gré, pourroit faire entrer le découragement dans ton âme, je dois te montrer quelques peuples encore sages et fidèles; quelques souverains puissans, qui, pénétrés des imminens dangers qui menacent l'état social, et jaloux de se montrer dignes de leurs hautes destinées, ont déposé en faveur du salut commun tout sentiment de haine, d'ambition ou de rivalité, et formé entre eux une sainte alliance pour sauver le monde de ses propres fureurs. Le succès couronnera infailliblement leurs généreux efforts, et les cris plaintifs que font entendre sur tant de points de l'Europe les diverses têtes de l'Hydre révolutionnaire, attestent combien sont sensibles les coups qu'on lui a portés.

Revenons à la France, car c'est d'elle, comme j'ai déjà eu l'occasion de te le dire, que je m'occupe toujours avec une singulière prédilection.

Il est vraiment curieux et bien digne de remarque le spectacle que cette belle France offre en ce moment aux regards de l'observateur. Nous l'avons vue pendant vingt-cinq ans le point central de tous les troubles, de toutes les alarmes, le vaste foyer de l'incendie révolutionnaire dont elle étoit consumée, en même temps qu'elle cherchoit à le propager chez les autres peuples. Nous avons vu ceux-ci effrayés, incertains, chancelans, trop semblables à des victimes dévouées, n'opposant long-temps que des efforts partiels pour s'en défendre, jusqu'à ce qu'enfin l'Europe tout entière, comme un torrent impétueux, inonda la France du débordement de toutes ses nations.....; et maintebant c'est une grande partie de cette Europe qui est en proie aux flammes qui nous dévoroient, tandis que, presque seuls, nous restons calmes et impassibles. Depuis long-temps déjà on a écrit l'histoire des *Volcans éteints* de la France, dans l'ordre physique ; on peut dès ce moment travailler à celle des *Volcans éteints* de ses erreurs, de ses folies et de ses crimes. L'incendie semble avoir consumé tout ce qu'il y avait parmi nous de matières combustibles. Les cendres se refroidissent de toutes parts, et si, çà et là, on aperçoit, comme c'est l'usage, quelques débris encore fumans de la charpente, cela ne présente plus aucun danger réel.

Parlant sans figure, il est certain que le peuple français, qui a payé si cher les leçons de l'expérience, paroît bien décidé à ne pas les oublier. Trop long-temps égaré par les divers jongleurs politiques, il a essayé de tout, il a été victime de tout, et ne veut plus l'être. Pour lui le règne des illusions est passé, et il l'est sans retour. Les mots, les promesses, sont désenchantés ; les vieilles armes, jadis si redoutables, entièrement émoussées. C'est une masse inerte pour les révolutions, et au milieu de laquelle le levier révolutionnaire ne sait plus trouver de point d'appui. Un bon nombre d'Agitateurs sans doute restent encore, mais ils ne trouvent plus que quelques individus épars à agiter. Ce sont des Officiers sans troupes, et la France est et veut rester paisible et fidèle, bien convaincue enfin qu'elle n'a pas d'autre moyen d'être heureuse.

Tu la trouveras, ainsi que je l'ai trouvée moi-même, vivant sous un gouvernement représentatif, lequel lui a été octroyé par son Roi comme lui paroissant mieux adapté aux circonstances actuelles. Le temps t'aura bientôt appris en quoi il diffère de l'antique gouvernement de la Monarchie ; mais, au reste, toutes les formes de gouvernement peuvent être bonnes et rendre un peuple heureux, si elles ne sont pas en opposition avec la nature des États qu'elles sont destinées à régir, comme, par exemple, lorsque de délirans et stupides démagogues imaginèrent de faire de la France une République. Il faut absolument en France un Roi ; et un Roi très-puissant, ce qui peut fort bien se concilier avec le gouvernement actuel. Chaque jour, à mesure qu'on apprendra à le mieux connoître, sa marche deviendra plus régulière.

. En apprenant à le mieux connoître, nous serons sans doute aussi bientôt convaincus que les opinions dans les chambres ne sauroient opter, ainsi que nous le voyons dans le parlement britannique, qu'entre deux partis, celui dit de l'opposition, et celui dit ministériel ou du gouvernement ; c'est-à-dire, en d'autres termes, que le Gouvernement n'y reconnoissant que des amis ou, des adversaires, si l'on n'est pas pour lui, c'est contre lui que l'on veut être. Dès-lors on verra disparaître les centres droit et gauche avec toutes leurs subdivisions, superfétations étranges qui embarrassent la marche régulière de la machine, et ne sauroient servir qu'à favoriser ces jeux de bascule, vieille tactique de réforme que tu n'es pas destinée à connoître. Ces divers centres se fondant à gauche ou à droite, selon la tendance naturelle de ceux qui les composent, il en résultera nécessairement une Majorité constante et une Minorité connue, ce qui, en ce genre, est l'ordre et la raison.

Or c'est précisément cette minorité-là qu'on est convenu de nommer *Opposition*, et une opposition est de l'essence de tout gouvernement représentatif. Elle lui donne le mouvement et la vie; et, s'il pouvoit exister des chambres sans opposition, tout ce qui émaneroit d'elles seroit empreint de ce caractère équivoque et de défaveur qui s'attache à ces jugemens qu'on désigne sous le nom de *jugemens par défaut*, précisément parce qu'il ne s'est trouvé là personne pour se défendre, pour y former opposition. Au reste, toute mon ambition se bornant à chercher à seconder le développement de ton expérience, je me contente de planter quelques jalons dans les diverses directions que tu es destinée à parcourir. Il me reste cependant à te dire encore, de peur que tu ne vinsses à t'y méprendre, que les membres de l'opposition en général, n'étant pas et ne devant pas être les ennemis du gouvernement, il est du caractère d'une véritable opposition constitutionnelle de ne pas sortir de certaines bornes de décence, et de ne rien avoir d'hostile.

Une des innovations les plus importantes que soit parvenue à introduire la Révolution, c'est le Jury, ou le jugement par Jurés dans les affaires criminelles. Sans doute je ne saurois avoir de prévention contre elle, puisque je l'ai trouvée établie en naissant, et n'ai jamais connu autre chose. Néanmoins j'ai étudié un peu sa marche et cherché à écouter ce qu'en disoient les uns et les autres, les gens sages et raisonnables s'entend; car je n'écoute guère que ceux-là, et c'est un discernement bien important à avoir aujourd'hui. En attendant que tu puisses observer cette institution nouvelle, ce qui ne sera pas long, puisque les désordres que l'irreligion et l'immoralité multiplient à un point effrayant, l'établissent dans une sorte de permanence d'une extrémité de la France à l'autre, je vais essayer de t'en donner une idée.

Les Cours d'Assises, car c'est ainsi que cela s'appelle, se rassemblent quatre fois par an dans chacun des quatre-vingt et tant de départemens de la France; et toujours, et partout, elles trouvent à

condamner. Leur caractère spécial et distinctif,
c'est qu'en place de véritables Juges, ayant con-
sacré leur vie à l'étude des lois, on rassemble des
individus, au nombre de douze, indifféremment
pris dans toutes les classes et tous les états de la
société, marchands, manufacturiers, propriétaires, habitans des villes ou des campagnes. Certaines professions, qui supposent des études et des
lumières, donnent de plein droit l'admission
sur la liste des jurés, tandis qu'elle est déterminée
pour les autres par une certaine quotité d'impositions.

Les séances sont publiques; entre qui veut. Les
prévenus, car on n'est qu'en prévention jusqu'à
ce qu'on ait été déclaré coupable; les prévenus,
dis-je, sont présents à tous les débats. Si quelques-
uns des jurés ne leur conviennent point, ils
sont libres d'en récuser un certain nombre, et
on les remplace par d'autres. Ils ont toute liberté pour faire valoir leurs raisons, bonnes ou
mauvaises, tant par eux-mêmes que par l'organe
de leurs défenseurs. Les témoins déposent et
sont interrogés en leur présence. Ils peuvent à
leur gré les interpeller, les contredire; il est
impossible, en un mot, de laisser un champ plus
libre à l'accusation comme à la défense.

Enfin, quand on a bien parlé pour et contre,
et que la matière est entièrement épuisée, on

propose aux Jurés diverses questions relatives à la culpabilité des prévenus, et qui renferment dans leur ensemble les divers degrés de l'accusation. Les Jurés se retirent pour délibérer, et, après des discussions plus ou moins longues entre eux, mais qui doivent toujours se terminer par un résultat positif, séance tenante, ils rentrent dans la salle publique des audiences, et l'un d'eux, qui a dû au sort son titre de chef du jury pour l'affaire à l'ordre du jour, articule à haute voix, en présence des prévenus, la réponse tranchante et non motivée du jury, par *oui*, ou par *non*, aux diverses questions qui lui ont été adressées.

Je m'aperçois que j'ai oublié de te dire que tout cela se passe en présence d'un tribunal composé de véritables Juges; mais ces Juges ne sont pas là pour juger, et à quelques exceptions près, dont il est inutile de t'entretenir ici, leurs fonctions se bornent à ouvrir le code et à faire, en conséquence des réponses de MM. les Jurés, l'application de la loi.

Si ces réponses sont de nature à entraîner une condamnation, le Juge Président des Assises prononce l'arrêt, et les gendarmes emmènent le coupable.

Si elles déclarent la *non-culpabilité* du prévenu, il prend son chapeau et sort de l'audience avec le public, au milieu du groupe et des félicitations de ses amis.

Je suis très-portée à croire que cette manière expéditive d'être rendu à la liberté n'a pas peu contribué à la fortune du Jury, pour les gens étrangers aux profondeurs de la politique.

Il a en France un certain nombre de partisans, de très-chauds surtout parmi les amis des idées nouvelles; et ceux-là crient si souvent et si fort, qu'on n'entend qu'eux. Si néanmoins nous en venions à aller aux voix au sujet du Jury, je suis à peu près sûre qu'il auroit contre lui une majorité assez imposante.

Je n'ai en effet cessé de rencontrer des Jurés qui se plaignoient amèrement d'être détournés de leurs affaires ou de leurs travaux d'agriculture, et qui trouvent très-contraire à la liberté individuelle d'être contraints, sous les peines les plus sévères (1), de venir s'établir à grands frais, et fort long-temps quelquefois, au chef-lieu de leur département, et cela, disoient-ils, pour venir faire un métier qui leur étoit étranger et auquel ils n'entendoient rien, ce qui, au reste, étoit souvent bien vrai.

Il est certain qu'il ne s'agit ici de rien moins que de la liberté, la réputation, la vie même de

____

(1) Cinq cents francs d'amende pour la première fois.

ses concitoyens, c'est-à-dire des fonctions les plus importantes comme les plus redoutables de la société…. Et nécessairement, par la nature même de la composition du jury, on y voit fréquemment figurer partout des hommes d'une médiocrité remarquable, et d'autres d'une moralité plus qu'équivoque.

On a beau dire qu'on déroule soigneusement devant eux jusqu'aux plus minutieuses circonstances; qu'ils peuvent eux-mêmes proposer des questions, chercher à éclaircir tous leurs doutes; et qu'ils n'ont ensuite qu'à décider si, sur tel ou tel fait, le prévenu est innocent ou coupable….. Mais n'est-ce donc pas là quelque chose, et quelque chose d'assez difficile ? Il n'appartient pas, à beaucoup près, à tout le monde de pouvoir recueillir si long-temps son attention; de ne pas être détourné par le souvenir de ses propres intérêts les plus chers qu'on vient d'abandonner à regret, d'autres intérêts auxquels on est étranger, qui déplaisent, et ont été imposés par la force. Il n'appartient même qu'à assez peu de gens de ne laisssser jamais échapper ce fil destiné à servir de guide dans ce dédale de tant d'événement divers; de savoir apprécier à leur juste valeur les circonstances, plus ou moins accusatrices, plus ou moins atténuantes, des divers temoignages… Et enfin, puisque les jurés ne sont obligés de consulter que leur propre conviction, combien qui, dans certains cas un peu difficiles, sont tout-à-fait incapables de se former une opinion satisfaisante, qui ne laisse au doute aucun accès dans leur âme !

Ce qui n'arrêteroit même pas un véritable juge, paroît trop fréquemment à la timide inexpérience du juré une difficulté insurmontable, et en pareil cas le résultat naturel est d'absoudre. D'ailleurs on est à cet égard dispensé de recourir à aucun raisonnement, et il suffira de prêter un peu l'oreille, car sans cesse on entend dire à ces messieurs : *Dans le doute j'aime bien mieux absoudre un coupable, que m'exposer à condamner un innocent.* Rien n'est plus juste et plus respectable en soi ; mais malheureusement ces doutes reviennent sans cesse, et, comme nous venons de le dire, assez souvent sans motif.

De plus, c'est en vain qu'on ne cesse de répéter, d'un ton doctoral, qu'un juré ne doit pas même savoir quel sera le résultat de sa réponse, et qu'il n'a à écouter d'autre voix que celle de sa conviction intime. Ce sont, comme tant d'autres, des mots à peu près vides de sens, de belles théories impraticables, de ces vérités de cabinet qui s'évanouissent sur le terrain. Dans une affaire capitale, en dépit de tous les raisonnemens, un juré sait avec certitude, et il ne sauroit se faire aucune espèce d'illusion à cet égard, que son *oui* va conduire un homme et quelquefois plusieurs hommes à l'échafaud. Il en frémit d'horreur, toutes les considérations cèdent à cette considération, et, après mille perplexités, c'est *oui* qu'il pense, et dans plus d'un cas de ce genre, c'est *non* qu'on a entendu sortir de sa bouche.

Que de fois encore, lorsque, pressés sur un fait manifeste par une question trop précise, il n'a pas été en leur pouvoir d'y échapper, ne les a-t-on pas vus fléchir sur des points accessoires, tels que l'intention ou la préméditation, qui ne leur étoient pas moins démontrés que le fait principal, et soustraire ainsi le coupable aux dispositions les plus essentielles de la loi?

Examinons maintenant la question sous un autre point de vue. Qu'il s'agisse, par exemple, d'une affaire majeure, telle que celle de l'infortuné Fualdès; une affaire, délicate de sa nature, qui met tout un pays en rumeur, où les coupables tiennent à des gens puissans et audacieux, et sont en outre tout cela eux-mêmes...... Quels moyens pour intimider un juré ne peut-on pas mettre en œuvre, qui échoueroient infailliblement; je dirai plus, qu'on n'oseroit pas essayer contre des juges!

A peine arraché à son commerce ou à ses travaux champêtres pour venir prononcer sur de si grands intérêts, les avis les plus sinistres, les lettres anonymes les plus menaçantes pleuvent sur lui de toutes parts. Dans l'une, on va brûler son habitation ; dans l'autre, ce sont ses enfans, ou lui-même, qu'on est tout prêt à immoler..... Et, pendant que le juge resteroit impassible, le plus souvent même inattaqué, le pauvre juré, quelque honnête qu'on le suppose, qui dans quelques heures va déposer ses grandeurs, et échanger toutes ses sauvegardes contre son isolement primitif, reste en proie à mille angoisses, et dans la plus terrible des épreuves, entre sa conscience et sa peur.

Eh ! de bonne foi, pourroit-il donc suffire de signifier, sous les peines de droit, à un citoyen paisible de venir, à jour et heure fixes, faire les fonctions de juge, pour l'investir des divers genres de courage qu'exigent de si augustes fonctions ; pour l'élever toujours à cette hauteur où, pour remplir un devoir, on est prêt à sacrifier sa tranquillité et tout ce qu'on a de plus cher ? Ce seroit beaucoup présumer des hommes, ce me semble, et ce n'est pas trop comme cela que nous avons appris à les connoître.

Tu as déjà conclu de ce que je viens de te dire, et je ne t'ai peut-être pas tout dit, que les jurés sont très-portés en général à l'indulgence, et il est trop vrai qu'assez fréquemment on les a vus acquitter des prévenus, qui, d'après les débats, étoient manifestement des coupables au jugement du public, et dont un tribunal ordinaire n'eût pas manqué de faire justice.

Cette institution fait, dit-on, merveille chez nos voisins; mais il existe tant de différences essentielles entre les caractères des deux nations qu'un simple bras de mer sépare, qu'il est encore permis de douter qu'elle obtienne jamais les mêmes succès parmi nous. Au reste, c'est le moment de relever les diverses imperfections qu'on croit y découvrir ; car, tout le monde s'accordant à convenir qu'elle a besoin de notables changemens, il est probable qu'on ne tardera pas bien long-temps à s'en occuper. Quant à moi, et tout le monde à peu près sera de mon avis sur ce point; quant à moi, dis-je, si j'étois innocente, je me présenterois devant un jury ou un tribunal ordinaire à peu près avec la même confiance......... mais, coupable, et surtout de certains délits, oh ! je l'avoue, je n'hésiterois pas un instant à donner au jury la préférence.

Je croyois avoir entièrement terminé cet article, lorsque je m'aperçois qu'il alloit m'échapper une omission essentielle. Il est impossible de vivre sous un Gouvernement représentatif sans beaucoup parler ou du moins entendre parler de la liberté de la presse. Elle en est, dit-on, la condition de rigueur, elle en forme l'essence. Toutefois aisément tu devines que cette facilité illimitée d'associer chaque jour le public au délire et à tous les travers de son esprit, comme aux vœux coupables de son cœur, peut quelquefois donner et donne continuellement lieu, en effet, à des délits de la nature la plus dangereuse pour la paix et la tranquillité publiques. Tu sens encore que ce doit être particulièrement vrai en France, et surtout en ce moment, c'est-à-dire chez la nation de toutes la plus effervescente, et le lendemain en quelque sorte du grand incendie. Aussi paroît-on bien unanimement d'accord qu'il faut une loi fortement répressive, en attendant que l'arène s'ouvre pour en régler les dispositions. Mais qui les jugera, ces délits? Qui l'appliquera, cette loi? Voilà que dès le premier pas on ne peut déjà plus s'entendre. Les uns, et l'on remarque que c'est particulièrement les gens les plus sages, les amis éprouvés de l'ordre, de la monarchie et de la légitimité, tous ceux sans exception qui soupirent après la paix et la tranquillité publique (¹), veulent en charger les Cours royales; les autres, amis exclusifs et passionnés du jury, voudroient lui déférer encore ces nouvelles attributions.

D'après les dispositions si variées des esprits, et les diverses manières d'envisager les objets, j'ai conçu sans beaucoup de peine comment on pouvait se montrer plus ou moins favorable ou con-

____

(1) Voilà la véritable, l'immense majorité des Français.

traire au jugement par Jury en général. C'est un
de ces sujets de controverse, où chacun trouve des
armes pour défendre ses opinions; mais ici, très-
franchement je l'avoue, mon intelligence m'a-
bandonne, et se refuse à comprendre l'application
qu'on prétendroit en faire au cas particulier qui
nous occupe. Pour partir d'une base positive, sans
laquelle il seroit impossible de raisonner et de s'entendre, je commence par supposer, comme de raison, qu'on est également de bonne foi, qu'on n'a
que des idées droites et conservatrices, et qu'ami
d'une juste et honnête liberté, on veut franchement réprimer la licence, son implacable ennemie, qui la détruiroit aussitôt.

Cela posé, chez la nation la plus spirituelle de
l'univers, qui a la fibre la plus irritable, et où
les prestiges de la parole exercent un si grand empire; chez une nation où la sagacité des lecteurs
répond si bien à la subtile habileté des écrivains
lorsque le poison peut se répandre à pleins bords
de toutes parts, sans que des yeux ordinaires puissent en reconnoître la présence; quand enfin ce
n'est pas trop de toutes les ressources de l'éducation, des lumières, et surtout de cette habitude
de la vie entière de traiter avec le cœur humain
pour se montrer digne de si délicates, de si difficiles fonctions, c'est un Jury que l'on invoque
Je ne crains pas de le dire, par le fait même de

leur composition, la plupart des Jurés seroient dans l'impossibilité, l'incapacité la plus absolue de les exercer, et qu'en résulteroit-il? c'est, surtout dans les provinces, qu'un ou deux membres du Jury, plus lettrés ou plus présomptueux que les autres, exerceroient une totale influence; qu'à eux seuls ils formeroient le Jury tout entier.

Répondra-t-on que, pour ces sortes de délits, on instituera un Jury spécial, composé avec soin? Voilà d'abord que l'on retombe dans les mesures d'exception, dans un triage, qui ne doit pas convenir aux ennemis des privilèges......, dans des élections en quelque sorte, qui ne sont ni sans inconvénient ni sans grandes difficultés. Seroit-ce une fortune plus élevée que l'on prendroit pour base? Mais qui ne sait que la fortune passoit déjà pour aveugle dès l'ancien régime, et se flatteroit-on qu'elle fût devenue plus clairvoyante sous le nouveau, depuis que les routes pour y parvenir se sont si fort multipliées et élargies? Assez peu de personnes, on ne doit pas se le dissimuler, peuvent convenablement en faire partie, et de quelle étrange magistrature ne finiroit-on pas par investir ce petit nombre de malheureux privilégiés? Quel cadeau funeste ne leur feroit-on pas en les détournant sans cesse de leurs occupations, pour les rendre le point de mire de tous les ressentimens, de toutes les fureurs de l'esprit de parti!

C'en seroit assez d'une pareille *Notabilité*, selon
l'expression du jour, pour faire déserter un département, et, puisque la force de la vérité oblige
à admettre qu'il faudroit nécessairement former
un Jury spécial pour ces sortes de causes, où en
trouvera-t-on un...... Que la bonne foi seule me
réponde...... Où en trouvera-t-on un qui puisse
réunir au même degré les lumières, l'indépen-
dance, et les diverses garanties, que le salut de la
société a droit de réclamer, que les Juges d'une
Cour royale, pris en général, comme on l'a re-
marqué avec beaucoup de discernement, dans la
classe moyenne de la société, inamovibles, accoutumés à scruter les replis les plus cachés du
cœur humain, l'élite de la magistrature, nécessairement plus impassibles, par état et par habitude, que tous ceux qu'on pourroit être tenté de
leur substituer, et conservant du Jury tout ce qu'il
peut avoir de plus recommandable, son entière
publicité? Non, je le confesse, je ne vois pas comment on pourroit faire mieux, comment même on
pourroit faire à beaucoup près aussi bien en faisant
autrement, et je mets en fait qu'il est impossible
que l'innocence soit jamais condamnée par un
pareil tribunal.

D'ailleurs, de bonne foi, car je voudrois bien
qu'on en mît un peu partout, dans des questions
de parti, et d'après ce que l'on a vu, comment attendre d'un Jury une véritable impartialité?

Au reste, quoique mon article ait de beaucoup dépassé les limites dans lesquelles je comptois me renfermer, je ne prétends te donner ici qu'un simple aperçu de cette question. Indépendamment qu'à plusieurs reprises elle a déjà été éclairée par la discussion la plus lumineuse, cette discussion ne peut tarder à se renouveler tout entière sous tes yeux, lors de cette loi de répression, ostensiblement invoquée par tous, mais dans des dispositions si différentes. Je t'annonce d'avance des débats longs et animés.

Une des grandes calamités de l'époque actuelle, et dont les funestes effets se font sentir partout, c'est cette irreligion et cette révoltante immoralité, déplorable apanage de tant de gens; et suite trop naturelle, il faut en convenir, d'une révolution telle que l'a subie la France. L'exemple du Roi et de son auguste famille est bien fait, sans doute, pour exercer une heureuse influence, et elle seroit immense dans des circonstances ordinaires; mais, dans un siècle comme le nôtre, où les intérêts et les calculs sont la loi suprême, il faudroit quelque chose de plus; et, afin d'être bien assuré de ne pas glisser sur la fibre sensible, j'ai souvent formé le vœu qu'une certaine dose de régularité, de moralité tout au moins, fût une des conditions de l'admission aux places, de manière qu'une immoralité manifeste et reconnue entraînât aussi l'exclusion formelle. Cela auroit incon-

testablement le premier mérite de réduire beau
coup le nombre des postulans.

Je m'attends à l'objection bannale que je m
rappelle avoir entendu faire ; et, en me l'adre
sant, peut-être croira-t-on m'avoir répondu
Vous feriez par-là beaucoup d'hypocrites,
voilà tout.

Nous ferions beaucoup d'hypocrites? dites-vou
Ah! tant mieux, et c'est bien là quelque cho
que de substituer des hommes hypocrites à d
hommes scandaleux et déhontés. Tant mieux,
nous en venions jamais au point qu'on se cr
intéressé à arborer les livrées de la religion
de la vertu pour parvenir. Tant mieux pour l'Éta
tant mieux pour la société! Celui qui *sonde l*
cœurs et les reins ne s'y méprendra pas, soy
bien tranquilles; et pendant que, discernant
vertu de l'hypocrisie, il assigneroit à chacune leu
véritable place, le commun des hommes profit
roit presque également et des apparences et de
réalité.

Née à peu près dans les mêmes circonstanc
que toi, je n'ai guère plus que toi été à port
d'observer par moi-même ce dont je ne cesso
d'entendre parler, ou que je voyois dans les livres
touchant cette ancienne urbanité française, qui
de l'aveu de tout le monde, distinguoit éminem
ment les Français des autres nations. Il n'en avo

pas fallu davantage pour exciter au plus haut degré ma curiosité. Ce consentement universel, me disois-je à moi-même, est d'un bien grand poids, et l'on ne peut s'être donné le mot pour tromper de la sorte ; mais cependant j'avois de la peine à me rendre compte du sens précis qu'on attachoit à cette expression. J'éprouvois même cette sorte de sentiment de réserve et de défiance qu'excitent involontairement les éloges pompeux qu'on entend donner aux choses que l'on ne connoît pas ; ils semblent avoir quelque chose qui blesse, et l'on trouve une sorte de plaisir à se venger de son ignorance, par une sévérité qui dégénère facilement en injustice.

Telles étoient mes dispositions, lorsqu'un heureux hasard me fit faire connoissance avec deux ou trois de ces hommes, nécessairement d'un âge un peu avancé, qui avoient jadis passé une partie de leur vie à la Cour, et monumens vivans des traditions anciennes. J'ai eu occasion d'entretenir avec eux des rapports assez suivis, et en ai rencontré depuis quelques autres encore, quoiqu'en bien petit nombre. L'espèce s'en perd entièrement....., et ne sera pas remplacée. Ah ! ma chère amie, comme mes préventions cédèrent promptement à un attrait irrésistible ! Quelle honnêteté, quelle délicatesse dans les formes ! quelle grâce, quel charme dans les propos ! quelle recherche,

quelle fleur de politesse dans toutes leurs manières! j'en fus promptement et complétement sé-
duite, et c'est un malheur : car cela m'a rendue un
peu difficile, je l'avoue, pour tout ce que j'ai eu
occasion d'observer depuis, en ce genre. Nos jeunes gens, à quelques exceptions près, m'ont paru
tranchans, présomptueux, pleins de rudesse; partout j'ai trouvé l'empreinte profonde de la Révolution. Les manières, et même le caractère françois, me semblent essentiellement altérés, et c'est
un véritable malheur. Oh! comme tout est rassu-
rant sur ce point pour ceux qui ont une peur si
risible du retour de l'ancien régime......! Quant
à moi, te l'avouerai-je? ici j'ai osé former le vœu
de voir rétrograder le siècle.

Il est une particularité assez bizarre, qui mérite peut-être de fixer un moment ton attention;
c'est à la Révolution que nous en sommes rede-
vables, et le temps nous apprendra si c'est pour
elle un titre de plus à notre reconnaissance. Cette
Révolution ayant détruit ou obstrué toutes les
carrières, les pères de famille y sont fort embar-
rassés et ne savent plus que faire de leurs enfans.
Dans cet embarras commun, tous ont pris le même
parti, et depuis le fils du marquis, ou du duc,
jusqu'à celui du dernier Avoué de province, qui
veut bien faire à son père l'honneur d'embrasser
son état, tous les jeunes gens font leurs cours de

droit. Demande-t-on à une mère ce que devient son fils? la réponse est facile à prévoir : *Monsieur, il va commencer son Droit…, il fait son Droit…, il achève son Droit……, il vient d'achever son Droit.* Voilà, selon l'âge et les progrès du jeune homme, les seules variantes à peu près que comporte la réponse à semblable question. Ce concert unanime vient-il de ce que la Révolution ayant appris qu'on peut à chaque instant être attaqué à l'improviste, on en a conclu qu'il falloit être constamment armé de toutes pièces pour se défendre, ou bien, des avantages inouïs qui ont spécialement signalé cette profession….? je l'ignore; mais ce qu'il y a de bien positif, c'est que la génération suivante va être une génération toute d'avocats….. Il est assez curieux de voir ce que cela va devenir.

Me voici tout naturellement conduite à te dire un mot de cette brillante et fougueuse jeunesse. Il fut une époque bien mémorable, et pas très-éloignée de nous encore, où un grand nombre de ces jeunes élèves des écoles de droit, se firent remarquer par leur dévouement à la légitimité, et par une conduite vraiment honorable. Dans des temps plus rapprochés, ils ont paru montrer des dispositions différentes, et cela est allé parfois jusqu'au scandale. J'en ai gémi, sans doute; mais toutefois sans en être affectée jusqu'à un certain point, parce

que j'ai toujours fait profession d'une grande indulgence pour la jeunesse. L'exaltation, l'inexpérience, la vivacité et la mobilité des sensations de
cet âge, l'air respiré, les impressions reçues....
que de motifs pour la justifier, cette indulgence,
et pour les justifier eux-mêmes, ces bons jeunes
gens! et d'ailleurs, au vrai, ne sont-ce pas des
élèves?

Je terminerai mes petites notes sur l'état actuel
de cette belle France, par une observation qui
m'a plus d'une fois tourmentée, et que je soumets
à ton bon jugement. Je suis effrayée du degré de
civilisation, car c'est ainsi que cela se nomme, je
suis effrayée, dis-je, du degré de civilisation où
l'on est parvenu particulièrement dans ce pays; il
me semble extrême, excessif, et avoir tous les inconvéniens des excès. Un sang fougueux fermente
dans toutes les veines; les têtes sont en ébullition,
si je puis m'exprimer de la sorte, comme autant
de petits volcans, toujours prêts à faire éruption.
Le luxe est effréné, l'industrie exercée par tant de
gens et portée à un tel période, que ses produits
languissent avilis, parce que tout équilibre est
rompu entre les fabricans et les consommateurs.
L'ambition ne connoît plus de bornes, et parle à
tous le même langage; on diroit d'une arène où,
les divers prix se remportant à la course, le grand
mérite consiste dans la vigueur des jarrets. Per-

sonne n'est content de sa position ou de son état: on veut dépasser tous ses concurrens, on dédaigne la condition de ses pères; toute la France à la fois demande des places, chacun s'étonne et ne tarde pas à s'exaspérer de ce que l'Etat est aveugle au point de ne pas distinguer tout d'abord son mérite. Tous prétendent à commander et à faire fortune, d'où il résulte peu de disposition à l'obéissance, et que l'aveugle fortune est la divinité à laquelle tout le monde sacrifie et à laquelle on sacrifie tout. Les lignes de démarcation sont effacées, les digues rompues, les freins méconnus, les vieilles vérités de tous les temps dédaigneusement repoussées. De quelque loin ou de quelque bas que l'on parte, c'est au plus haut qu'on veut s'élever; et, si bientôt l'on ne parvenoit à apporter quelque soulagement à ces symptômes de frénésie, à cette fièvre délirante de l'état social, sa dissolution en seroit l'inévitable suite, comme celle d'une mécanique placée sur un torrent, qui lui imprimeroit un mouvement inégal et trop accéléré.

Il n'est que trop vrai que les extrêmes se touchent; comme le proclame un de ces proverbes qui sont comme l'extrait de la sagesse et de l'expérience des nations. Oui, les extrêmes se touchent; et au point de civilisation où la France est parvenue, de toutes parts la barbarie la presse et la menace. On ne parviendra à s'en défendre en

France que par de sages institutions, de sages tem-
péramens, des lignes intermédiaires, beaucoup
de fermeté et de justice, et en régularisant tous les
mouvemens divers. Le mouvement est l'essence et
l'âme de la liberté, répètent à tout propos, d'un
ton présomptueux, ces gens qui, à force de parler
de liberté et de la défigurer à nos yeux, en dé-
goûteraient à tout jamais…! Oui, sans doute, un
mouvement régulier entretient et conserve la vie;
mais aussi un mouvement désordonné, au milieu
des frottemens, est la cause de mort la plus active.

On se montre en France fier de sa grande civilisation, et l'on en méconnoît, en aveugle, et le danger et les conditions les plus élémentaires. On est
fier de sa civilisation, et en même temps on veut
prétendre à cette liberté de l'homme de la nature,
errant dans les forêts. On se montre ombrageux
jusqu'au ridicule, et tout semble une atteinte à la
liberté individuelle. On paroît oublier ou n'avoir
jamais su que, pour jouir des charmes et des bienfaits de l'une, il ne suffit pas de sacrifier l'indépen-
dance sauvage de l'autre. Non, les concessions de
l'état de nature à celui de civilisation ne se bornent pas là. Il faut que l'individu qui veut vivre en
société aggrandisse le cercle de ses vues, et soit dé-
terminé à subir le joug des diverses entraves qu'elle
impose, c'est-à-dire, qu'il sacrifie ses convenances
particulières aux convenances de la société. Ainsi

donc, sauf indemnité, il doit être prêt à livrer sa maison si le bien public exige qu'elle soit abattue ; à faire le sacrifice de son verger ou de son jardin, s'il convient à l'État d'y faire passer un grand chemin, d'y creuser un canal, ou d'y élever une redoute.

Tout ne se borne pas là encore : il faut que l'homme vivant en société ait des vues de conservation et d'avenir, et dès-lors sa soumission aux besoins de simple prévoyance de la société ne lui paroîtra ni moins naturelle, ni moins indispensable. C'est ainsi, pour choisir un exemple, qu'il doit trouver tout simple que le gouvernement empêche les propriétaires de couper leurs bois avant un certain âge ; que, même à l'âge requis, il ne les dispense pas d'en obtenir la permission ; qu'il leur impose la condition de rigueur de laisser sur pied un certain nombre de balivaux, comme de réserver tels ou tels arbres à la marine, s'ils sont jugés propres à ses besoins ; qu'il leur interdise surtout de défricher le terrain, dont ils viennent d'abattre la superficie.

En effet, le gouvernement qui fait tout cela, ne fait rien qu'il n'ait bien le droit de faire, ni qui porte la moindre atteinte à la liberté individuelle, telle que nous devons l'entendre, c'est-à-dire, toujours subordonnée au bien public.

Pour achever de nous en convaincre, supposons pour un moment qu'il en soit autrement, et voyons que deviendroient les neveux des Français d'aujourd'hui, si elle pouvoit exister, cette liberté funeste du défrichement des bois.

Voici, dans toute sa triviale naïveté, quel seroit le raisonnement d'un nombre immense de propiétaires : « Je serois bien dupe, à présent que je
» viens d'abattre mon bois, de payer pendant
» douze, quinze ou vingt ans, les impositions
» d'un terrain qui ne me rendroit rien du tout.
» Au lieu de cela, je vais bien vite le défricher.
» Loin de me rien coûter, je paierai les frais de cette
» opération avec une partie des souches et des ra
» cines, et il m'en reviendra encore une bonne
» provision pour mon chauffage. Je cultiverai en
» suite, et je suis sûr d'obtenir plusieurs récoltes
» consécutives plus ou moins bonnes , parce que
» les débris des plantes, et surtout des feuilles,
» ont formé à la surface une légère couche qui
» forme un excellent engrais. Si au bout de ce
» temps il ne reste plus, comme c'est assez l'usa
» ge, qu'un sol épuisé et incapable de recevoir
» aucune espèce de culture, tant pis ; mais j'en
» aurai toujours retiré, en quatre ou cinq ans, et
» mis dans ma poche, ce qui est l'essentiel, plus
» qu'il n'auroit produit en bois au bout de qua
» rante ans, que je n'aurois probablement pas vus.
» Ainsi donc nos descendans feront comme nous,
» ils s'en tireront comme ils pourront : chacun pour

» soi dans ce monde, et après moi le déluge ! »

Ce calcul est trop séduisant, il faut en convenir, dans les dispositions actuelles de la société, pour ne pas séduire beaucoup de monde, et son résultat immédiat seroit que des milliers de coignées, encore révolutionnaires, achèveroient de consommer les désastres des bois, sans qu'on pût être suffisammment dédommagé par l'assurance positive qui a tout récemment été donnée aux Français du haut de la tribune, qu'on ne manqueroit jamais de bois en France.

Colbert étoit moins confiant, et il nous a légué de tristes pressentimens en ce genre. Je conviens que les chantiers de Paris n'ont pas cessé un instant d'être bien approvisionnés ; mais pour peu d'ailleurs qu'on connoisse l'état de la France, on ne peut se dissimuler que le manque de bois de chauffage se fait dès ce moment sentir de la manière la plus funeste dans beaucoup de parties, et que presque partout on éprouve une véritable détresse de merrain pour les futailles, et plus encore de bois de charpente et de construction.

Je viens de parcourir rapidement avec toi les principaux objets sur lesquels vont se porter 'tes premiers regards ; il ne me seroit pas plus difficile de soulever une partie du voile qui dérobe encore à tes yeux l'avenir. Si nous eussions l'une et l'autre été destinées à voir le jour un peu plus tôt, avant cette restauration miraculeuse, qui pour le bonheur des Français releva le trône des Lis, et leur rendit cette antique famille, identifiée, à toutes leurs prospérités et jusqu'à leur existence, je n'eusse pas eu semblable présomption. Les calamités passées comme les calamités présentes, me faisant présager vaguement, quoique avec trop de certitude, les calamités futures, là se fût bornée ma triste prévoyance. Une ambition démesurée, une immoralité profonde, des entreprises gigantesques, la population de la France mise en *coupe réglée* pour soutenir tant de folies, la consommation des hommes froidement calculée, la plume à la main, comme celle de la poudre à canon ou des boulets, l'abus continuel de la force, un sceptre de fer prévenant ou brisant toutes les résistances.... Il n'est point d'avenir pour une nation opprimée à ce point; et les plus douces affections de l'ame se changeant en poisons, la paternité elle-même avoit perdu tous ses charmes. Le père de famille, calculant douloureusement le jour du sacrifice, voyoit à regret grandir ses enfans; il s'affligeoit de ne leur trouver aucune infirmité, et en terminant sa triste carrière, il n'avoit à leur léguer que l'incertitude et l'effroi.

Ah! qu'il en est autrement sous le sceptre tout paternel de la légitimité! Là, tout est régulier, tout est conservateur, tout est un gage de l'avenir. Le

Roi est le père commun ; ses sujets sont ses enfans, sa famille. Il ne peut être heureux que de leur prospérité et de leur bonheur ; il y consacre tous ses soins, il en fait l'objet habituel de ses méditations, il y trouve à-la-fois et sa plus douce jouissance et sa gloire. Par ses exemples et ses leçons, il formera de bonne heure le jeune héritier du trône à l'amour des François, et à répondre dignement à ses hautes destinées en faveur de la génération suivante. Avare du sang de ses sujets, il aime la paix pour en étendre et en accroître les bienfaits; ami des arts, il leur prodigue les encouragemens et les récompenses; il favorise toutes les entreprises, tous les établissemens utiles. Tout ce qui est bon, honnête, tendant à un bien présent ou éloigné, a des droits assurés à sa protection. Les yeux ouverts sur les diverses souffrances, il cherche à appliquer à chacune le remède qui lui est propre; et toujours, du moins, apporte du soulagement à celles qu'il n'est pas en son pouvoir de guérir. Attentif en un mot à tous les besoins, on s'étonne comment il peut à ce point multiplier les secours; et ici tous les membres de son auguste famille s'associant à sa sollicitude comme à sa munificence royale, ils rivalisent tous de bienfaisance et de bonté.

Tu jugeras bientôt, ma chère fille, si j'ai eu de grands efforts d'imagination à faire pour rassembler les traits d'un si consolant tableau. Avec des garanties aussi positives, l'avenir n'a presque plus de mystères, et il est enfin permis aux François de se livrer aux douceurs de l'espérance, qui leur furent si long-temps interdites. Hélas! s'ils avoient voulu, s'ils avoient su être heureux!.... S'ils le vouloient, s'ils le savoient encore, à quel degré de bonheur ne leur seroit-il pas permis de prétendre! Mais il en est, hélas! des tempêtes suscitées par les révolutions, comme de celles dans l'ordre de la nature. Long-temps après que le temps est redevenu serein, les vagues s'agitent tumultueusement, se heurtent et s'entrechoquent...... Et les flots des passions ont tout autrement de peine encore à se calmer que ceux de l'océan!

Pour deviner les intentions du Roi et la marche du gouvernement légitime, il est un guide infaillible : c'est d'étudier quels sont les besoins de la France, quels sont les vœux que fait entendre la saine et véritable opinion publique.

Le premier besoin de la France, excédée de lassitude à la suite de tant et de si affreuses convulsions, c'est le repos ; et les nations ne l'obtiennent que sous l'égide tutélaire de la Religion et de la Justice, avec un gouvernement non moins ferme que paternel.

Dans la position nouvelle où le Roi a trouvé son royaume et ses sujets, il a jugé dans sa sagesse devoir leur octroyer la Charte qui les régit, et il s'y montrera religieusement fidèle ; mais il saura réprimer ces subtils et infatigables commentateurs, si suspects dans leurs éloges et leurs démonstrations de tendresse, qui, s'armant du bienfait contre le bienfaiteur, voudroient d'abord s'en servir pour restreindre sa puissance. Cette puissance, telle qu'il a plu au Roi d'en poser les bornes, est en quelque sorte le patrimoine des François. Elle est le gage, la garantie de leur sécurité présente et future. C'est elle qui doit les rendre heureux dans la paix, les faire triompher dans la guerre, les préserver à tout jamais de l'épouvantable fléau des révolutions, elle enfin sur qui repose toute leur confiance.

Les François aiment sans doute une honnête et sage liberté, celle qui, tendant au bonheur public, et laissant un entier essor au développement de l'industrie, est compatible avec l'ordre et toutes les idées élevées et généreuses ; mais ils sont pénétrés d'une horreur profonde pour la licence, qui si long-temps les immola à son délire et à toutes ses fureurs : et, comme c'est la puissance royale qui peut seule les rassurer contre elle, ils l'invoquent dans toute sa plénitude.

La religion étant la base de tout bien, la source féconde des consolations, la seule sauve-garde assurée de la prospérité comme de la durée des empires, le gouvernement légitime lui rendra hautement hommage. Il lui accordera une protection spéciale; il s'occupera du sort de ses ministres, et aussi d'en accroître considérablement le nombre, car les anciens Lévites sont moissonnés avec une rapidité vraiment effrayante. C'est au point que les établissemens, formés pour repeupler le sanctuaire, sont loin aujourd'hui de pouvoir répondre à leur destination. Dans les cantons les plus favorisés, et ils sont en assez petit nombre, à peine peuvent-ils permettre de remplacer numériquement, par de jeunes recrues, les vétérans de la sainte milice que la mort enlève chaque jour, et maintenir cet état incertain et précaire hors de toute proportion avec les besoins. Ces besoins sont multipliés et pressans; ils sollicitent des ressources extraordinaires.

Une multitude de paroisses sont veuves de leurs pasteurs, et restent abandonnées sans secours religieux; plus d'ange de paix pour prévenir les différends, plus de conciliateur pour les terminer, plus de consolation dans le malheur, la vieillesse, les infirmités, à l'approche redoutable de la mort. L'absence de ministres et de culte conduit rapidement à une indifférence religieuse totale, le plus funeste des états, même sous l'aspect purement politique, et qui se transmet tout naturellement des père et mère aux enfans. Plus d'instruction pour ceux-ci, qui ne soupçonnent pas même leur malheur, plus de frein contre les passions en se lançant dans la carrière orageuse de la vie. La sainteté du mariage est méconnue, et la dissolution des mœurs égale l'ignorance des devoirs.

Telles sont les ressources, tel est le déplorable état d'une partie considérable de la génération qui s'élève ; mais il existe déjà, surtout dans les campagnes, une génération entière qui s'est élevée au milieu des fureurs du vandalisme révolutionnaire, lorsque tous les troupeaux à-la-fois étoient frappés dans la personne de leurs pasteurs, incarcérés, immolés ou mis en fuite. Ceux qui virent le jour à cette désastreuse époque, prolongée trop long-temps, sont déjà des hommes faits aujourd'hui. Une foule d'entre eux figurent dans les rangs de nos armées, ou exercent dans la société diverses professions, et une partie de ces infortunés n'ont jamais connu d'instruction religieuse; ils n'ont pas même reçu le baptême !....

Et c'est au milieu d'un tel dénuement, qui menace la société dans ses élémens primitifs; c'est lorsque la barbarie envahit à ce point la civilisation, qu'on ose s'élever, avec un fanatisme anti-religieux, contre ces hommes apostoliques, qui, à la prière des pasteurs, réclamant de toute part des auxiliaires, se consument en efforts pour répandre les secours, et l'instruction la plus indispensable. La malveillance, manquant contre eux de raisons et de prétextes, pour les atteindre a été réduite à les calomnier. Mentant à sa propre conscience, elle n'a pas craint de signaler comme des factieux et des séducteurs des hommes vertueux et irréprochables, qui n'ont en vue que le bonheur de leurs frères, et n'attendent que du ciel leur récompense; des hommes dont la séduction se borne à répandre la connoissance de la religion, à inculquer l'amour et la crainte de Dieu, à prêcher l'amour, l'obéissance et la fidélité au Roi, la soumission aux lois, la fuite des vices, la pratique de tous les devoirs comme de toutes les vertus, la pure morale, en un mot, de l'évangile. Qu'on suive leurs instructions, et qu'on ose articuler ce qu'elles ont de dangereux ou de répréhensible. Qu'on parcoure surtout les pays où ils viennent d'exercer leur ministère, et l'on verra s'il en est de plus soumis, de plus paisibles, où les passions soient plus calmées, les haines plus assoupies, où il y ait plus d'ordre, de rapprochement et d'union dans les familles. Eh! d'ailleurs, quand ces moyens extraordinaires d'instruction et de ferveur, en usage dans tous les temps comme dans tous les pays, furent-ils donc plus particulièrement nécessaires qu'à la suite d'une révolution, qui a laissé tant d'ignorans qu'il faut instruire, tant d'infortunés qui ont un besoin pressant de consolation, qui a excité tant de ressentimens qu'il faut calmer, qui a occasionné dans l'intérieur des familles tant de désordres auxquels il est urgent de porter remède!... Ah! Messieurs, pourroit-on leur dire, permettez de secourir et de consoler une partie des malheureux que vous avez faits, ou qu'ont fait tout au moins vos principes.

Après une révolution qui, à force de les exercer avec violence, a fini par stupéfier, si je puis m'exprimer ainsi, toutes les facultés de l'étonnement, on est forcé de s'étonner encore en voyant la persévérance de certaines gens à proclamer les doctrines anti-sociales, qui, sous tous les climats, partout où elles ont pénétré, portèrent le désordre, le bouleversement et la mort. C'est en vain que les faits ne cessent de leur donner les démentis les plus formels. Entourés des victimes de leurs doctrines, ils ne les débitent pas avec une moins imperturbable confiance....... En être encore là après l'expérience de toute la révolution françoise, et quelle expérience, bon Dieu! j'avoue que cela me confond,

Et je ne comprends pas comment ces messieurs font.

C'est assez probablement toi, ma chère fille, qui seras chargée de présider à une opération que la justice et même une politique éclairée placent au premier rang, et que sollicitent à-la-fois des intérêts, de leur nature entièrement opposés. On peut la regarder comme le complément indispensable de la restauration. Bientôt tu connoîtras, dans toutes ses ramifications et son importance, l'objet dont je veux t'entretenir; mais, parlant à ton inexpérience, je dois reprendre les choses de plus haut.

Les premiers jours de la révolution, tu ne l'apprendras que trop, furent marqués par des violences et des excès de tout genre. Les princes, frères du Roi, obligés de céder à la fureur d'un orage sans exemple, qui menaçoit de tout engloutir, allèrent chercher un honorable asile chez un souverain ami et allié. L'infortuné Roi de France lui-même, la Fille des Césars son auguste Epouse, et leurs Enfans, furent contraints de chercher à suivre cet exemple.... Mais ici, quelle suite de pages à arracher de l'histoire de la nation, jusqu'alors la plus glorieusement distinguée par ses qualités aimables et brillantes, comme par son amour pour ses Rois!

Le monarque et sa famille languissant dès-lors dans une odieuse captivité, en attendant la plus épouvantable des catastrophes, il n'y eut plus en France qu'un simulacre de royauté. Dès-lors aussi, ceux accoutumés dans la mêlée à se rallier au blanc panache, ne consultant que leur dévouement et leur fidélité, n'hésitèrent pas à tout abandonner pour aller se rallier autour des augustes frères du Roi captif.

Passant rapidement sur des détails qui demanderoient un developpement immense, je me borne ici à ce que réclame ton instruction la plus élémentaire. La faction qui dominoit alors en France..... Car, garde-toi d'accuser la véritable nation Française d'un enchaînement d'excès et de crimes dont elle eut elle-même si cruellement à gémir, et qu'elle déteste! Long-temps elle fut opprimée, asservie, malheureuse, mais jamais coupable... La faction, dis-je, qui dominoit en France, confisqua les propriétés de tous ces sujets fidèles, qu'elle nomma émigrés. Elle ne s'en tint pas là, et guidée par une aveugle et féroce rapacité, elle comprit en outre dans cette liste de proscription une foule de Français restés en France, d'autres qu'elle tenoit renfermés dans ses cachots, d'autres qui dans ce même moment figuroient dans les rangs de l'armée. Elle en fit autant des biens des victimes, qu'elle faisoit immoler de toutes parts sur les échafauds. Bientôt la France entière devint un vaste champ de carnage et de désolation, que la cupidité exploita à son profit, et les plus belles propriétés du Royaume devinrent de la sorte comme la propriété exclusive et incontestée de factieux sanguinaires, dont la plupart ne tardèrent pas à périr victimes de leurs propres fureurs.

Après avoir, eux et leurs amis, fait leur part comme ils l'entendoient, ils songèrent qu'il falloit armer beaucoup de bras pour soutenir et défendre leur ouvrage, et chercher surtout à les lier à cette cause par le plus fort de tous les liens, celui de l'intérêt. En conséquence, que firent-ils? ils mirent en vente, à l'enchère, d'une extrémité de la France à l'autre, cette masse énorme de propriétés, et les morcelèrent à l'infini pour les mettre à portée de toutes les convenances et de toutes les ambitions, et les distribuer ainsi dans le plus grand nombre de mains possible. Les amorces de la cupidité sont bien décevantes sans doute..! Le succès répondit pleinement à leur attente.

J'oubliois de te dire que, ne pouvant faire face à toutes leurs folies avec les ressources ordinaires, ils avoient créé avec profusion un papier-monnaie, auquel ils avoient donné pour gage le produit de toutes ces étranges confiscations, et qui, presque dès les premiers jours, éprouva un avilissement progressif et rapide. Ils ne s'en servirent pas moins de ce papier, pour faire face aux diverses dépenses publiques, et pour payer tous les fournisseurs dans les guerres qu'ils eurent à soutenir; de manière que, dans le fait, il en résulta un avantage réel pour les diverses classes de Français restés dans leur patrie. Quelque étrangers qu'ils pussent être à ces odieux trafics de la violence, ils y trouvèrent une véritable sauve-garde en faveur de leurs propriétés particulières, qui, sans cela, eussent plus ou moins été mises à contribution, ou envahies par le sceptre de fer démagogique, le plus redoutable et le plus despotique de tous.

Ces papiers, qui portoient le nom d'assignats, contribuèrent merveilleusement à favoriser la vente de ces biens, qu'on nomma *nationaux* pour chercher à les investir de quelque considération, quoique la véritable nation n'ait jamais été complice ni de leur envahissement, ni de leur dilapidation inouïe. En effet, comme leur discrédit alloit toujours croissant, et qu'ils étoient admis en paiement de ces sortes de biens, on s'empressoit de toutes parts de s'en débarrasser en les faisant refluer dans les caisses publiques.

C'en est assez pour te faire comprendre que ces belles propriétés, étonnées de leurs nouveaux maîtres, se trouvèrent bientôt réparties dans une multitude de mains, ce qui étoit le grand but, et en outre que la plupart furent données au plus vil prix, quelquefois à peu près pour rien.

Les convulsions de la France furent d'une violence extrême, et surtout très-prolongées. Pendant cette longue période, ces biens, quelle qu'en pût être d'ailleurs l'origine, éprouvèrent plus ou moins les vicissitudes, ouvrage nécessaire de la marche du temps, c'est-à-dire que la mort, en moissonnant les détenteurs, en investit leurs héritiers; qu'ils passèrent d'une famille à l'autre par les donations et les mariages; qu'ils furent échangés, quelquefois même vendus, quoique bien rarement, à raison de leur grande et constante défaveur dans l'opinion. En un mot, par cette suite d'événemens qu'amènent les besoins impérieux de la société, ces biens avoient parcouru tant de filières, éprouvé tant de mutations, étoient tellement morcelés ou changés de nature que, pour un grand nombre d'entre eux, c'étoit à ne pouvoir s'y reconnoître, lorsque enfin, au bout de près de vingt-cinq ans, la légitimité revint consoler la malheureuse France. La face de la société, sous ce rapport comme sous beaucoup d'autres, étoit en quelque sorte renouvelée. Une foule de pères coupables, comme on l'a dit avec beaucoup de justesse, avoient été remplacés par des enfans innocens, et le Roi, frappé de l'œuvre du temps et de l'empire de la nécessité, se détermina à faire avec le passé une grande transaction. La politique, satisfaite d'un tel sacrifice, devoit à son tour se charger de satisfaire la justice; et en effet, immédiatement après la déclaration de la ratification des ventes, on s'occupa des moyens d'assurer aux victimes de nos odieuses tables de proscription de justes indemnités.

Mais bientôt tous les calculs, tous les plans furent bouleversés par une affreuse catastrophe. La félonie renversa, pour quelques momens, le trône de la légitimité. L'Europe toute entière reflua de nouveau sur la France, mais cette fois, irritée, exigeante, armée de rigueurs. D'immenses tributs furent imposés, et, par un enchaînement inoui de déplorables circonstances, ce plan d'indemnités n'a pu se réaliser jusqu'à ce jour, au grand détriment de tous les intérêts particuliers, et des plus hauts intérêts de l'État. Les regards sont encore attristés du spectacle le plus douloureux , comme le plus funeste dans ses conséquences. Tant qu'il existeroit en effet, point de morale, d'idées saines, de tranquillité, de confiance, de rapprochement, de bonheur, ni d'esprit public à espérer. L'avenir, s'il pouvoit en exister pour une pareille position, ne seroit que troubles, dissentions, héréditaires et interminables ressentimens. La révolution vivroit en quelque sorte toute entière au sein de la légitimité : l'abîme enfin des révolutions resteroit ouvert.... Et le Père de la France lui a promis de le fermer !

S'il étoit besoin d'autorités et surtout d'exemples, les François en trouveroient de bien frappans chez les Irlandais, leurs voisins, où à la suite d'une prescription beaucoup plus que centenaire, l'opinion publique continue à se montrer implacable contre des *fautes* de ce genre, qui n'ont cessé de produire de grands maux, et menacent chaque jour encore la tranquillité publique; car, comme on sait, en politique les fautes ne pardonnent pas.

Au reste, la justice, la charte, le vœu des gens de bien, les finances, l'intérêt public, et jusqu'aux intérêts privés les plus divergens et les plus irréconciliables en apparence, tout se réunit dans un même langage avec la politique : des flots de lumière ont dissipé toutes les préventions, et il n'y a plus aujourd'hui que l'ignorance ou la mauvaise foi, qui pussent essayer de révoquer en doute la nécessité de cette importante mesure.

Ici la justice réclame un hommage en faveur de l'attitude noble et résignée jusqu'à l'héroïsme des infortunés, victimes de tant maux; elle ne peut être inspirée que par un respect profond pour la volonté du Roi, et une confiance sans bornes dans sa justice. On ne l'apprécie pas assez en général, non plus que la rigueur et l'étendue du supplice nouveau auxquels ils sont condamnés. La postérité, exempte d'intérêt, de prévention et de haine, sera plus juste à leur égard que les contemporains, et surtout certains contemporains, qui ont sans cesse l'impudeur d'insulter à leur honorables infortunes. Tu vas voir un exemple frappant de ce que je t'ai dit plus haut; car j'entends dire à tout le monde que c'est libéral... Et bien décidément ce n'est pas généreux.

Tu seras encore témoin, ma chère fille, d'améliorations notables dans l'éducation publique, cette partie si intéressante des institutions de tous les peuples, et qui exerce sur leurs destinées une si grande influence. Il est surtout d'une haute importance de s'en occuper pour assurer la tranquillité, le bonheur, et jusqu'à l'existence d'une nation, lorsqu'une révolution désorganisatrice, non contente de bouleverser violemment les choses, a mis si long-temps en œuvre tous les moyens de séduction pour fausser les idées et égarer les jugemens. Tout ce qui existe d'irrégulier et de vicieux en ce genre, est l'effet nécessaire de tant de fausses directions; il ne faut pas s'en étonner sans doute, mais bien se hâter de rétablir les salutaires doctrines qui conviennent à tous les gouvernemens, puisque tous sont également intéressés à leur conservation. Il y a des choses à faire oublier à la jeunesse sur le chapitre de ses prétendus droits; il y en a d'autres à lui apprendre sur celui de ses indispensables devoirs. Les grandes leçons du passé doivent entrer pour beaucoup dans l'instruction de la génération qui s'élève; et j'ai déjà eu occasion d'applaudir aux excellentes vues du Ministre spécialement chargé de l'éducation publique.

A peine sais-je si, à la suite de cet article si abrégé, concernant l'éducation, je dois t'entretenir d'une découverte nouvelle qui ne lui est pas étrangère, et devoit même, si l'on en eût cru certaines personnes, remplacer avec beaucoup d'avantage nos anciennes méthodes d'enseignement. Cette découverte ne reçut pas le jour en France; elle y est arrrivée par brevet d'importation, et tu ne saurois te faire une idée du zèle, de la chaleur, je dirai presque du fanatisme qui l'acueillirent à la sortie du Paquebot. Les mêmes dispositions ont présidé à son établissement, et l'autorité est allée jusqu'à employer en sa faveur une partie de ses moyens d'influence; je ne sais même pas trop si toujours elle s'en tint là. Eh bien ! en dépit de tant de protection, l'étrangère n'a pas fait fortune. Bien innocemment sans doute, et sans le faire exprès, plusieurs de ses prôneurs l'ont fort décriée. On ne se passionne pas de la sorte d'ordinaire sans motif, et sans motif plus puissant encore que celui du bien public, s'est-on dit. En conséquence, on a beaucoup cherché s'il en existoit un, et quel il pouvoit-être. Autrefois il eût suffi que cela arrivât de l'étranger pour exciter un engouement général. L'ensemble seulement et la précision des manœuvres auroient excité des transports, à l'époque où l'on raffoloit de l'exercice à la Prussienne..... Eh bien! c'est aujourd'hui tout le contraire. Ces Français d'aujourd'hui sont d'une réserve, d'une défiance même qui ne permet plus de traiter avec eux : cela va jusqu'à la prévention et l'injustice. Sans réflexion comme sans examen, « point de plantes étran- » gères, les entend-on s'écrier! Notre sol produit » toutes celles qui nous conviennent. Nous som- » mes une vieille nation, qui a de vieux souve- » nirs, une vieille expérience. Plus d'essais, » plus d'innovations! Nos affreux malheurs nous » ont donné à cet égard un grand *enseignement* » *mutuel*, et nous n'en voulons point d'autre. » En effet, à mon début dans le monde, j'ai trouvé l'étrangère bien languissante; je la laisse en danger, et ta fille, ou toi, vous pourriez bien assister à ses obsèques.

Dans un pays aussi essentiellement agricole que la France, on accordera une attention, et une protection même toute particulière au commerce des grains, parce que le trop grand avilissement des prix est aussi une véritable calamité. Des causes connues, et qu'on n'a pu dominer encore, ont jusqu'ici paralysé les heureux effets de la dernière loi à ce sujet; mais ils se feront sentir plus tard, on aura soin d'écarter ce qui pourroit en contrarier les vues, et on y ajouteroit même toutes les dispositions

qu'indiqueroit l'expérience. On ne peut se dissi
muler que l'agriculture ayant fait de grands pro
grès, et surtout dans le midi, il en résulte un
augmentation de produits énormes. En conséque
ce, et pour citer un exemple particulier, il paro
tra, je pense, naturel et juste que la Provence
qui est loin en ce genre de pouvoir fournir à s
besoins, et qui dès l'ancien régime étoit en po
session de s'approvisionner des blés étranger
fournisse désormais aux départemens, avec le
quels le canal de Languedoc lui assure une con
munication facile, un debouché dont ils manque
habituellement. Il en est dans ce nombre do
le blé forme à peu près l'unique ressource, tand
que des dédommagemens abondans sont assurés
la Provence dans sa position littorale, et la fou
de productions qui lui sont propres, telles que s
huiles, ses soies, ses parfums, ses olives, ses c
pres, ses figues, ses raisins secs, les anchoix,
thon mariné, etc.....

Il est un point bien important, qui n'a p
échappé aux méditations des nouveaux déposit
res de la confiance royale, et dont j'ai d'auta
plus à cœur de t'entretenir, que tenant à d
calculs de haute prévoyance, il pourroit ne p
frapper de quelque temps tes regards : Je ve
parler de l'excès de population dont la France e
menacée. Quand on songe à l'accroissement not

ble qu'a éprouvé cette population, en dépit d'une guerre sans exemple contre tous les peuples de l'Europe, qui eut pour théâtre l'Europe entière, et en franchit plus d'une fois les limites ; quand à la suite d'une telle guerre d'extermination, où les hommes étoient moissonnés comme les épis des champs, on est conduit à de tels résultats, pendant que le vulgaire s'étonne et que le visionnaire du jour admire, l'homme d'état, pensif, et presque effrayé, s'occupe à disposer de loin un écoulement à ces flots de générations, pour lesquelles le sol de la patrie sera bientôt trop resserré, dans le double but d'en prévenir les inconvéniens et d'ouvrir des sources de prospérité nouvelles.

Diverses causes bien connues ont concouru à amener ce surcroît de population, vraiment excessif aux yeux de la politique ; mais c'est plus particulièrement à la découverte de la vaccine qu'on doit l'attribuer. Je l'ai toujours dit, et l'avenir me répondra, que cette découverte devoit exercer une grande influence sur les destinées du monde. Il suffira en effet de se dire que cette foule d'enfans, qui jadis, chaque année et sur tous les points, succomboient par milliers, victimes d'un fléau destructeur, sont aujourd'hui conservés à la vie, pour concevoir facilement la progression rapide qui en est la suite inévitable, même dans un espace de temps très-borné. Après avoir subi les irruptions des Nor-

mands, qui firent long-temps déborder sur ell
l'excès de leur population, il faut que dès ce mo
ment la France prépare des débouchés à la sienn
par un système de colonisation bien entendu. L
Guyane française pourra lui offrir en ce genre de
ressources précieuses, quoique à la longue bie
insuffisantes; mais il faudra soigneusement évite
les erreurs de plus d'un genre qui signalèren
une ancienne expédition dans les mêmes parages
et amenèrent des désastres, la plupart bien injuste
ment mis sur le compte du climat.

Tout ce que réclament les vœux et les vrai
intérêts de la France, devant être successivemen
l'objet de la sollicitude la plus spéciale du nouvea
ministère, nul doute qu'il ne porte bientôt se
regards sur ce système de centralisation, si propr
à servir les vues du despotisme, et qui ne sauro
convenir à la légitimité. Il a pu être nécessaire
je suis prête à en convenir, au moment où les au
teurs du désordre sentirent eux-mêmes la nécessit
de mettre un terme à l'anarchie et aux dilapida
tions qui dévoroient tout en France; mais c'est au
jourd'hui un des grands vices de l'administration
C'est elle qui entretient le pouvoir de la bureau
cratie, augmente les dépenses, enlève la consi
dération aux autorités locales, s'oppose à la for
mation de l'esprit public, et empêche l'établisse
ment des institutions bonnes et utiles. Bientôt o

n'aura plus à craindre que l'édifice de province, qui avoit besoin d'une réparation, quelquefois assez peu importante dans son principe, ne s'écroule entièrement, comme cela est déjà arrivé, pendant que l'autorisation sollicitée pour le réparer faisoit le voyage de Paris et parcouroit ses interminables filières.

En conséquence de la répression des divers abus signalés, tu verras augmenter l'autorité des administrations municipales, et donner une attention particulière à la composition des conseils municipaux. Les communes, débarrassées de toutes inutiles entraves dans l'administration de leurs biens et l'emploi de leurs revenus, il en résultera pour les places si importantes des maires, un surcroit de considération convenable, seul prix qu'ils puissent attendre de leur dévouement gratuit aux intérêts publics : Ils seront également investis de plus de pouvoir pour le maintien d'une bonne police.

L'administration départementale recevra à son tour l'organisation la plus désirable. Elle verra beaucoup étendre le cercle de ses attributions, et aura de grands moyens pour travailler efficacement au bien-être du pays, dont mieux que personne elle connoît les ressources et les besoins.

Ainsi toutes choses étant sagement coordonnées entre elles pour tendre au plus grand bien public,

chaque département offrira désormais le specta
cle d'une administration complète et paternelle
composée des hommes les plus faits pour inspire
la confiance, les plus éclairés sur les besoir
et les intérêts locaux, ayant à leur disposition le
moyens nécessaires pour agir utilement en cor
séquence, et travaillant ainsi à la plus grande pro:
périté du tout par l'amélioration simultanée
rapide des diverses parties qui le composent.

Ainsi naîtra nécessairement bientôt cet espr
public, un des élémens de la force des nations
encore inconnu en France, qui, réunissant pa
un lien commun toutes les portions d'un gran
empire, en forme un faisceau indivisible. Ainsi
quiconque aura des moyens et des talens pourr
concevoir la noble ambition de les faire servir à l
prospérité du département qu'il habite, et d'y ac
quérir cette influence et cette considération, qu
sont la plus douce comme la plus honorable de
récompenses.

Les tribunaux, qui intéressent si éminemmer
la société toute entière, puisqu'ils sont appelés
prononcer sur ses intérêts les plus chers, seror
aussi l'objet spécial de la sollicitude du Père d
famille. Il est depuis long-temps question d'e
réduire le nombre, et, si l'on en vient jamais là
on cherchera à concilier le mieux possible à co
égard tout ce que pourront réclamer et le plu

grand bien de la justice, et les convenances des localités. Mais, quant au choix de ceux destinés à remplir ces augustes et redoutables fonctions, on s'attachera à donner aux peuples pour juges ces hommes que leurs lumières et leurs vertus eussent désignés à leur confiance, s'ils avoient eu à choisir des arbitres.

On étendra le cercle des attributions de certaines places, en restreignant celui de quelques autres. On....; mais au reste, l'expérience et les méditations des bons esprits ont tellement signalé les principales améliorations dont est susceptible le régime intérieur, qu'il seroit inutile d'insister davantage; il existe à cet égard, dans toutes les parties de la France, un concert unanime qui ne sauroit induire en erreur.

Les hommes accoutumés à réfléchir ont de la peine à comprendre le point où elle est déjà parvenue, cette belle France, à la suite de deux invasions, d'une longue occupation étrangère, des accablans tributs imposés par la félonie des cent jours, et en dépit de toutes les entraves dont la malveillance s'est constamment efforcée d'embarrasser la marche de la légitimité. Dès ce moment, il n'existe pas en Europe un État dont les finances soient dans une sitnation aussi prospère. Quelle fidélité à remplir tous ses engagemens, quel luxe de fidélité, pourroit-on presque dire, en faveur de ceux pris par l'usurpation! quel ordre!

quelle ponctualité dans les payemens! que d'en
couragemens aux arts et à l'industrie! que de ré
parations sur toutes les routes! que de travaux pu
blics, de monumens utiles entrepris sur tous le
points!.... Sous ces divers rapports, on dirait qu
nous recueillons les fruits d'une longue paix
Non, je ne crains pas de le dire, on n'en e
pas assez frappé de ce spectacle inoui, et, dan
son ensemble, la France légitime pouvoit seul
le donner au monde!

Ah! si les François vouloient, s'ils savoient êt
heureux, redirai-je encore avec un sentiment à
la-fois de douleur et d'espoir, quelle nation pou
roit plus facilement et plus sûrement atteindre
tous les genres de prospérité! Le plus beau de
climats, un sol fécond qui se prête à tous les ge
res de culture, les productions les plus variée
une industrie merveilleuse, un caractère heureu
sement adapté à tant d'avantages, tout semble
réunir pour en faire une nation privilégiée, ju
tement l'objet de la jalousie de tous les peuples
n'ayant rien à envier à aucun. A tant de bienfai
se joint encore l'inappréciable bienfait de viv
sous le sceptre le plus doux et le plus patern
dont jamais aucune nation ait pu être favor
sée!.........

Ah! pourquoi faut-il que des biens si précieu
aient été, et soient tous les jours méconnus, po
courir après de vains fantômes, qui n'ont de ré

que l'affreux cortége des calamités qui marchent constamment à leur suite! Pourquoi faut-il que la discorde ait versé ses poisons dans les âmes, et que les dissentions civiles soient venu étendre sur toute la France une sorte de crêpe funèbre! A présent du moins qu'ils se sont lassés dans toutes les routes de l'erreur, puissent les Français, désabusés des vains prestiges contre lesquels ils échangèrent leur félicité, connoître enfin leurs intérêts véritables, se montrer vraiment Français, c'est-à-dire se faire honorablement distinguer par l'amour de leur Roi, et sacrifier au bonheur de la France leurs passions et leurs ressentimens! Ah oui que les Français, si cruellement trompés et abjurant de trop funestes égaremens, viennent se jeter dans les bras du Père commun! Que tous ils se rallient sous l'abri tutélaire de cette légitimité, qui ne fut pas établie dans l'intérêt des familles condamnées à régner, mais dans celui des peuples, dont seule elle peut garantir les droits et jusqu'à l'existence! Là, mais là seulement, ils trouveront la tranquillité, le bonheur et la gloire.

Puisse cette Race auguste, si éminemment française, chez laquelle la bonté, les vertus et l'amour des français ne sont pas moins héréditaires que la couronne, avoir entièrement épuisé la coupe de l'infortune, et, à la suite d'épreuves si cruelles, connoître enfin un peu de bonheur! Qui plus

qu'elle eut à souffrir, qui plus qu'elle pourro
avoir à pardonner..? Elle pardonne tout, et pou
elle le bonheur est tout entier dans le bonheur d
la France. Que tous les jours de ton existence l
soient des jours sercius, et transmets mes pressant
recommandations à ta fille !

Mais ce n'est pas assez pour les Français d
chercher à consoler, par leur amour, l'august
Race qui les gouverne ; ils se doivent encore
eux-mêmes , ils doivent aux contemporains comm
à la postérité la plus reculée, ils doivent surtou
aux étrangers, qui pourroient être égarés par tai
de fallacieux rapports, de consacrer par un m
nument la profonde douleur nationale. Ils se do
vent de laver la nation de l'accusation la plus ca
lomnieuse, et de rejeter loin d'elle un forfa
qu'elle abhorre. Après avoir eu le malheur d'im
ter les Anglais dans le plus exécrable des crimes
les Français se doivent de les imiter, de les su
passer même dans les réparations, les expiation
publiques. Ce ne sera pas, comme on a osé le dir
pour perpétuer les haines, mais ce sera pour éte
niser les regrets et le repentir ; ce sera pour épou
vanter les générations futures du malheur des di
sentions civiles ; ce sera pour fléchir le ciel....

Au reste une voix surnaturelle s'est expliqué
hautement en faveur du Royaume très-chrétien
et de manière a ne pouvoir être méconnue, dai

cette suite d'événemens faits pour confondre toute sagesse humaine, qui ont marqué la naissance de l'Enfant de miracle, gage nouveau de la réconciliation du ciel avec la terre à la suite du nouveau déluge. Que les bons soient donc remplis d'une juste confiance : *l'empire des Lis ne périra point !*

Ici l'écriture de la testatrice, émue sans doute, et touchant d'ailleurs de si près à sa fin, est visiblement altérée sur l'original, qui contient encore quelques lignes. C'est tout ce qu'on a pu faire d'y démêler clairement, à travers plusieurs ratures, que si l'avenir pouvoit fournir des garanties de l'union d'un si mâle courage, à tant d'héroïsme et de vertus, dès-lors une des lois fondamentales devroit être abrogée...., et le trône des Bourbons compteroit deux dignes soutiens de plus.

FIN.